Belas Letras

FAMÍLIA   VIAGEM   GASTRONOMIA   MÚSICA   **CRIATIVIDADE**
& OUTRAS LOUCURAS

COMO FAZER UM

ÓTIMO TRABALHO

SEM SER

UM

BABACA

PAUL WOODS

Tradução: Paula Diniz

A edição original deste livro foi desenvolvida, produzida e publicada em 2019 pela Laurence King Publishing Ltd., Londres, sob o título *How to Do Great Work Without Being and Asshole*.

Este livro é o resultado de um trabalho feito com muito amor, diversão e gente finice pelas seguintes pessoas:

Gustavo Guertler (edição), Fernanda Fedrizzi (coordenação editorial), Germano Weirich (revisão), Celso Orlandin Jr. (adaptação da capa, projeto gráfico e ilustrações) e Paula Diniz (tradução)
Obrigado, amigos.

2020
Todos os direitos desta edição reservados à
Editora Belas Letras Ltda.
Rua Coronel Camisão, 167
CEP 95020-420 – Caxias do Sul – RS
www.belasletras.com.br

Dados Internacionais de Catalogação na Fonte (CIP)
Biblioteca Pública Municipal Dr. Demetrio Niederauer
Caxias do Sul, RS

W896c	Woods, Paul
	Como fazer um ótimo trabalho sem ser um babaca / Paul Woods; tradutora: Paula Diniz. - Caxias do Sul: Belas Letras, 2020. 144 p.
	ISBN: 978-65-5537-012-6 Título original: How to do great work without being an asshole
	1. Administração de pessoal. 2. Cultura organizacional. I. Diniz, Paula. II. Título.
20/49	CDU 658.3

Catalogação elaborada por Vanessa Pinent, CRB-10/1297

SUMÁRIO

APRESENTAÇÃO

NÃO DÁ PARA DESAPRENDER
A SER UM BABACA

Paul me pediu para escrever algumas linhas para este livro. Obviamente, gostamos um do outro, caso contrário ele nem teria feito esse pedido, e eu não o teria aceitado. Então já ultrapassamos a barreira da babaquice.

Nos últimos 50 anos, mais ou menos (sim, sou velho), trabalhei com centenas de colegas e contratei a maioria deles. Eu não sabia disto no início, e, se eu soubesse, é provável que eu não o tivesse admitido. Sempre contratei as pessoas porque gostava delas e me perguntava: "Quero passar 8-10 horas por dia na mesma sala com essa pessoa? O resto da equipe pensaria da mesma forma?". A maioria dos designers pode escolher habilidades específicas em algumas semanas, aprender a tipografia adequada (ok, isso pode levar anos), escrever um código limpo, fazer um café expresso muito bom. No entanto, não dá para desaprender a ser um babaca.

As melhores pessoas que contratei têm as mais estranhas formações – carpinteiros, *chefs* de cozinha, soldados, historiadores –, o que não é um percurso tradicional para muitos na universidade. A vontade de aprender, de se encaixar e de dar o melhor de si é mais importante do que passar em provas. Não confie em portfólios (já vi muitos deles que eram cópias do trabalho de outras pessoas – o mundo digital facilita isso), conte com a sua intuição.

Os funcionários seguem adiante. Eles se tornam concorrentes, colegas e, muitas vezes, até clientes. E eles vão se lembrar de como você os tratou naquela época. Sempre dói quando alguém sai, em especial quando a pessoa começou a carreira na empresa e você ensinou alguns dos primeiros truques. Mas elas precisam seguir, senão podem pensar que o seu jeito de fazer as coisas é a única maneira possível. Certamente não é. Mas elas manterão contato e tratarão você como um amigo se foram bem tratadas na época. Quando Paul saiu da Edenspiekermann, em Berlim, depois de trabalhar alguns anos na empresa, fiquei chateado. Ao mesmo tempo, eu sabia que era necessário, para que ele aprendesse e se aprimorasse. Mantivemos contato e... bingo! Anos depois, estamos trabalhando juntos de novo.

Há um provérbio alemão que diz *"Wie man in den Wald hinein ruft, so schallt es zurück"*, cuja tradução é algo como "tudo que você emana volta para você".

Não tenho mais nada a dizer. De qualquer forma, você tem o livro inteiro com a história de Paul, que, por um acaso, é a nossa história.

Dr. *honoris causa* Erik Spiekermann

PREFÁCIO

Há um pôster emoldurado na parede perto da entrada principal do escritório da nossa agência no centro de Los Angeles. Impresso em uma prensa Korrex Frankfurt Kraft de 1961, provavelmente é a peça de decoração de parede mais popular com a qual me deparei. Quase todos que visitam a agência – de celebridades de Hollywood a banqueiros – comentam sobre o pôster e muitas vezes tiram selfies na frente dele, de modo que colegas, amigos ou fãs os associem à mensagem transmitida. Projetado pelo designer e empresário Erik Spiekermann, o pôster diz simplesmente o seguinte: "Não trabalhe para babacas. Não trabalhe com babacas".

Se é desejo unânime não trabalhar para babacas, então por que muitos de nós o fazemos? Nos setores de criação, é mais fácil encontrar "o babaca" e a cultura tóxica ao redor dele do que uma freira em um convento.

Ao longo dos anos, já tive vários amigos que trabalharam para CEOs, diretores de criação, diretores financeiros e diretores de sei-lá-o-quê, que não só são babacas como têm orgulho de ser babacas. Pode muito bem ser um diretor de criação com o ego inflado que comunica suas ideias sem mais nem menos e oferece o *feedback* de última hora às 17h50min de uma sexta-feira antes de uma apresentação para o cliente na segunda de manhã; um departamento de RH que não responde a candidaturas de emprego que não foram bem-sucedidas ou um CEO que fomenta um ambiente de trabalho em que os funcionários sentem a necessidade de trabalhar longas horas, com frequência sob o falso pretexto de "estar vivendo um sonho". Os setores de criação há muito tempo têm uma fama de estarem repletos de pessoas que se sentiriam mais à vontade comandando um campo de prisioneiros do que sendo mentoras de jovens impressionantemente talentosos em um ambiente de agência.

No entanto, as coisas vêm mudando, ainda que devagar. No passado, o jovem talento tinha simplesmente que aguentar as longas horas, os egomaníacos e todos os outros tipos de práticas desfavoráveis em ambientes de trabalho devido à falta de alternativas ao longo da carreira em que pudessem explorar o lado criativo em troca de um salário. Mas, hoje, com uma vasta gama de alternativas viáveis, incluindo empresas de tecnologia, startups e um número cada vez maior de equipes de design trabalhando em empresas, os melhores talentos podem escolher as opções de carreira sem envolver egos ou uma cultura perversa.

Apesar dos sinais de uma mudança positiva nas atitudes, os hábitos antigos ainda persistem. Práticas profissionais insustentáveis ainda são comuns em agências de criação, e isso resulta em *burnout*, alta rotatividade de pessoal e trabalho de baixa qualidade. Quando trabalhamos em um ambiente tóxico, nem o indivíduo, nem o cliente, nem o trabalho em si se beneficiam. Este livro explora a simples pergunta: "É possível fazer um ótimo trabalho sem ser um babaca?".

Trata-se de um compromisso ingênuo em um setor que é pouco conhecido por ter práticas profissionais sustentáveis ou por ser livre de egos? Isso pode ser alcançado de uma forma que mantenha uma vantagem competitiva, o cliente feliz e, talvez o mais crucial, ainda resulte em ótimos trabalhos?

À medida que for lendo este livro, você perceberá comparações recorrentes entre as épocas em que trabalhei na Alemanha e nos EUA. A diferença cultural entre agências criativas no norte da Europa (Alemanha, Suécia etc.) e as nações ocidentais de língua inglesa (EUA, Reino Unido, Irlanda etc.) é enorme. Os norte-europeus se concentram bastante em práticas profissionais eficientes, enquanto os países de língua inglesa tendem a pôr o trabalho acima de tudo, independentemente das implicações na vida pessoal. Tendo trabalhado nas duas culturas, vejo que há méritos indiscutíveis nos dois modos de trabalhar. Este livro tenta comparar as melhores (e as piores) características dos dois.

Atenciosamente,

Paul Woods

P.S.: Provavelmente você deve estar pensando que "o autor deste livro parece ser um pouco babaca também". É possível que isso não seja de todo uma mentira.

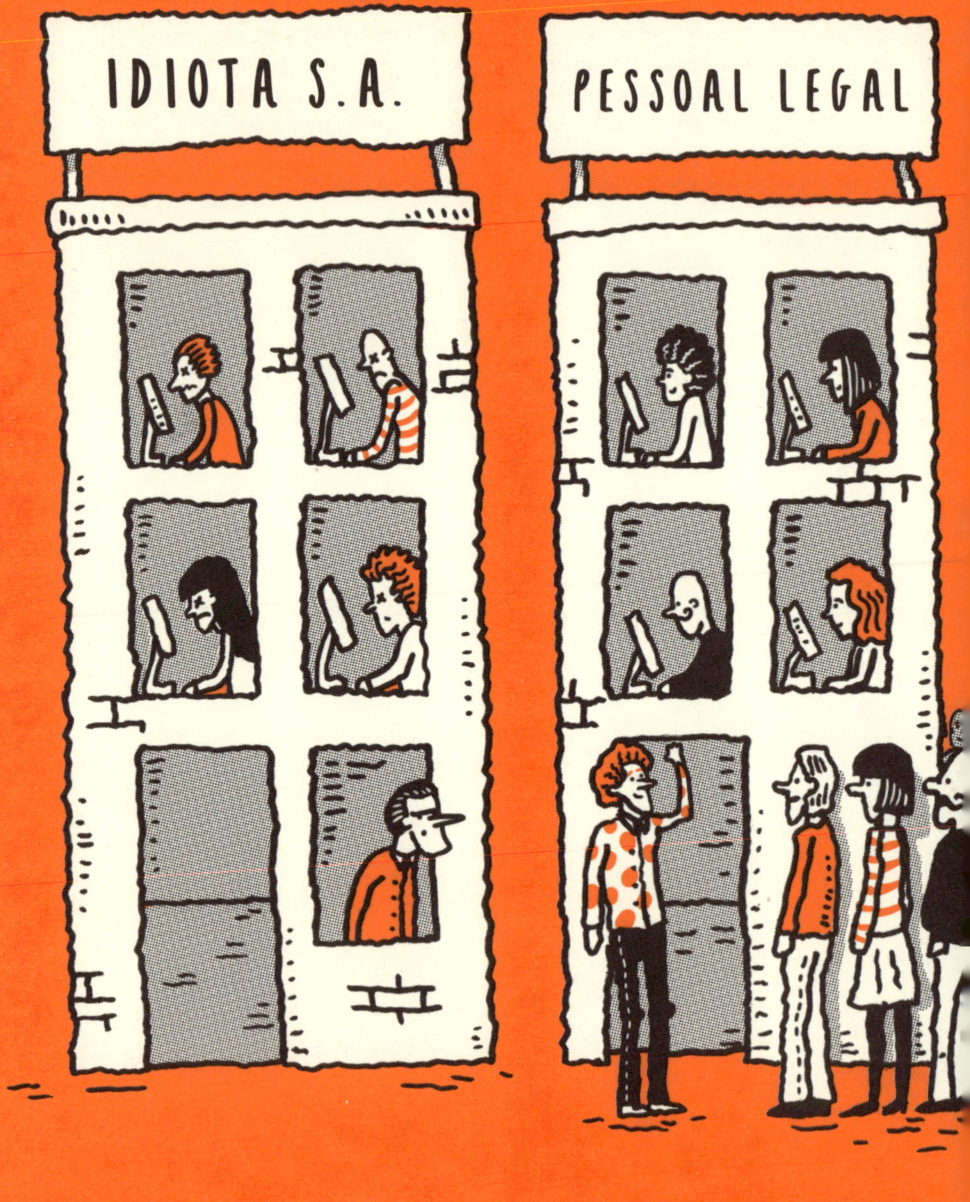
IDIOTA S.A.
PESSOAL LEGAL

SER LEGAL
É UM BOM NEGÓCIO

Tradicionalmente, nos setores de criação, o trabalho sempre vem em primeiro lugar. Ser um babaca era totalmente aceitável após o recebimento de alguns prêmios ao longo da carreira. Embora isso seja bom a curto prazo, a cultura interna é muitas vezes deixada para trás na pressa de se produzir um trabalho excelente.

A cultura de grandes agências importa. Se o objetivo é fazer um grande trabalho, importa. Se quiser atrair os melhores funcionários, importa. Se o propósito for estabelecer uma relação com os clientes, importa. Até mesmo se você for uma criatura verdadeiramente sem coração e se importar apenas com um dinheiro fácil, importa. Embora agências criativas nunca tenham tido problema em produzir um ótimo trabalho, elas tiveram um passado mais turbulento com relação a manter ambientes de trabalho positivos e tratar bem os funcionários. Agora, na era da informação, em que não há segredos, acabamos colhendo o que plantamos.

CULTURA PERVERSA NOS SETORES DE CRIAÇÃO

Qualquer um que tenha trabalhado nos setores de criação em Londres, Nova York ou em qualquer outra grande cidade provavelmente vai concordar que a cultura perversa, os egos e uma carga horária de trabalho pesada não são apenas comuns, mas também bastante comemorados. Os estagiários não são pagos. As longas horas são demonstradas como um crachá do orgulho. A egomania é incentivada, e a compreensão de que quanto maior o ego mais reverenciado e "lendário" é o indivíduo é senso comum.

Como a maioria das pessoas que trabalharam nos setores de criação, encontrei muitos que incorporam os piores estereótipos da indústria. Ao longo deste livro, apresentarei os mais pitorescos com os quais me deparei. A primeira figura que vou abordar é particularmente memorável. O cavalheiro educado – vamos chamá-lo de Denny Babacovski – era em especial uma maçã podre.

A CULTURA DE GRANDES AGÊNCIAS IMPORTA. SE O OBJETIVO É FAZER UM GRANDE TRABALHO, IMPORTA. SE QUISER ATRAIR OS MELHORES FUNCIONÁRIOS, IMPORTA.

Denny não era um gênio da criação como Steve Jobs, mas um diretor de contas que gerenciava um grande cliente corporativo. Diretores de contas como ele incorporam as características dos setores de criação. É bem verdade que eles têm um dos trabalhos mais duros na indústria, fazendo malabarismos entre demandas nada razoáveis de clientes e prazos realistas para a produção do trabalho criativo de fato. Ao longo dos anos, trabalhei com excelentes diretores de contas que entendiam o esforço para se desenvolver um ótimo trabalho, e Denny Babacovski não era um deles. Ele era de uma cidade desconhecida cujo nome era algo como Sacolândia ou Merdalópolis. Relativamente alheio à vida na cidade, ele passou a ser responsável por gerenciar um grande cliente corporativo – e bem traiçoeiro.

Denny tinha o andar de um jogador de futebol, vestia-se em um terno preto que não lhe caía bem e que dava a impressão de que ele estava sempre a caminho de um funeral. Nas raras ocasiões em que deixava o cabelo solto, não conseguia tomar sua bebida. Denny era um pesadelo para qualquer equipe de criação na agência. Sem exceção, por volta das 17h de toda sexta-feira antes do término de um prazo, Denny chegava no departamento de design e, com o sotaque mais forte do meio-oeste americano, dizia: "Bom, pessoal, o cliente aaaaaaaama a parte de criação. Ótimo, genial – nunca vi nada assim. Essas palavras vieram do cliente. Tem o prêmio Webby a caminho. Agora, temos que fazer algumas poucas mudanças (...)".

Denny enumerava uma longa lista de mudanças que acabava se tornando uma ideia nova totalmente diferente durante o fim de semana e que tinha que

OS MAVS HÁBITOS DO SETOR DE CRIAÇÃO

LONGAS HORAS

EGOS

TRATAMENTO PRECÁRIO DO FUNCIONÁRIO JÚNIOR

RITMO DE TRABALHO CAÓTICO

ser entregue no prazo – às 9h de segunda-feira. Depois ele informava que tinha um compromisso particular importante e que logo teria que sair, mas que veria todos na segunda, "bem cedo, pessoal", e então deixava o escritório como se tivesse uma mola nos sapatos.

Embora o senso comum nessa situação fosse que a equipe de design mandasse Denny para o inferno antes de lhe dar uma surra com o sapato dele de couro envernizado, o condicionamento nas agências de criação é tão grande que se encara esse tipo de solicitação como um desafio: "Vocês são bons o suficiente para produzir em três dias um trabalho merecedor de um prêmio? Dilly e Jonny venceram um *pitch* ao trabalhar durante um único fim de semana, e agora fala-se que eles vão ganhar o prêmio no Festival de Publicidade de Cannes."

Diretores de contas como Denny entendem muito bem o temperamento criativo e sabem exatamente como e quando apertar os botões do ego e da insegurança do pessoal da criação. Não surpreende o fato de que muitos criativos mais antigos que conheço e que trabalham em agências são divorciados. Nos setores de criação, a vida pessoal pode ser arruinada. Aliás, Denny ainda está vivo e trabalha na mesma agência; (até agora) ele não levou uma surra com o próprio sapato ou algo do tipo.

O RUMO À EXCELÊNCIA A TODO CUSTO

Os diretores de criação são alguns dos piores vilões quando se trata de cultivar um ambiente de trabalho ruim. Condicionados a passarem anos trabalhando até tarde e aos fins de semana e a lidar com egos quando ainda estão começando, eles acabam aceitando que a vida pessoal não tem espaço no setor de criação e farão de tudo para produzir um "ótimo" trabalho. É um ciclo vicioso. Após alguém passar alguns anos no setor de criação, o foco em produzir excelência toda hora se torna uma força cega, independentemente da tarefa.

Essa busca pela excelência dificulta fazer a distinção entre os projetos em que vale a pena sacrificar algum tempo da vida pessoal e as porcarias que não beneficiam ninguém. Já trabalhei como um doido em alguns projetos que mereciam que eu dedicasse parte do tempo da minha vida pessoal, como ficar 20 horas *in loco* na África do Sul desenvolvendo uma plataforma que promove empreendedores sociais em comunidades carentes.

SAIBA DISTINGUIR OS PROJETOS EM QUE VALE A PENA SACRIFICAR ALGUM TEMPO DA VIDA PESSOAL E AS PORCARIAS QUE NÃO BENEFICIAM NINGUÉM.

Esse projeto era importante. No entanto, em especial no início da minha carreira, eu também sacrifiquei muitas e muitas horas da minha vida pessoal em projetos que não tinham valor para ninguém, principalmente para mim. Na verdade, ninguém fora do círculo de insanidade de criação da nossa equipe iria se importar com o trabalho que estávamos criando. Você se lembra da campanha do anúncio em banner na qual você trabalhou 15 horas por dia e perdeu dois fins de semana? Apenas 0,05% das pessoas[1] que veem o anúncio vai clicar nele. É lixo. Ninguém precisa dele. Ninguém se importa.

Uma agência de publicidade famosa ostenta o slogan: "O trabalho. O trabalho. O trabalho". Esse mantra resume perfeitamente a intensa cultura de pressão que as agências estimulam onde se espera que as pessoas façam de tudo para produzir excelência em qualquer trabalho. Quando você se distancia um pouco disso, percebe que esse comportamento é insano. A realidade é que você está ajudando as corporações a vender pacotes de telefone baratos, refrigerantes, barras de chocolate e todo tipo de produto inútil. Vale a pena sacrificar a vida pessoal, a família e os amigos por isso? Infelizmente, por muitos anos no setor de criação a resposta foi um enfático sim.

O QUE MUDOU?

A pergunta é: Por que de repente é tão importante não ser um babaca? Afinal, os setores de criação existem há décadas, geram bilhões de dólares por ano e já ganharam inúmeros prêmios ao longo do percurso, independentemente das práticas tóxicas no trabalho. Por que mudar agora? A razão é muito simples. No cerne do ótimo trabalho criativo estão ótimas pessoas. Não é surpresa que pessoas ótimas só ficarão na agência em que trabalham se estiverem felizes e, na era digital, o melhor talento fica mais empoderado com mais informações e opções do que antes.

PESSOAS ÓTIMAS SÓ FICARÃO NA AGÊNCIA EM QUE TRABALHAM SE ESTIVEREM FELIZES.

---

[1] https://www.smartinsights.com/internet-advertising/internet-advertising-analytics/displayadvertising-clickthrough-rates/

CULTURA BOA

São quase 18h – é hora de a equipe ir para casa

Precisamos de um briefing adequado para o novo projeto

A equipe inteira vai apresentar o trabalho ao cliente

Nós respondemos às candidaturas a vagas de emprego

Nós damos crédito à equipe inteira em candidaturas a prêmio

Todos os estagiários serão devidamente pagos

CVLTVRA RVIM

São 23h. Espero que a equipe esteja trabalhando duro

Briefing?
A equipe vai ter que descobrir sozinha

Eu vou apresentar o trabalho ao cliente

Por que me preocupar em responder a candidatos que não passaram no processo seletivo?

As candidaturas aos prêmios vão ter apenas o meu nome

Pagar os estagiários?
KKKKK

COMPETIÇÃO ACIRRADA DE EMPRESAS DE TECNOLOGIA

Nos últimos anos, o modelo de agência, que já fora a única opção, começou a perder a exclusividade, já que os melhores profissionais estão cada vez mais sendo atraídos por ofertas mais sedutoras e lucrativas dos bolsos polpudos do Vale do Silício. As empresas de tecnologia como Google, Facebook e outras em geral oferecem salários mais competitivos, horário de trabalho flexível e diversos outros privilégios com os quais as agências acham difícil competir.

Além dos salários e dos benefícios, a empolgação com o fato de fazer parte de um produto ou de uma startup é muito atraente para jovens talentos. Alguns anos atrás, recebi a oferta de um emprego em uma grande empresa de tecnologia em São Francisco e, apesar de sempre ser um "cara de agência", fiquei tentado. Até participei de uma série de entrevistas na empresa e fiquei muito surpreso com o que tinham a oferecer aos funcionários do setor de criação. Se eu não tivesse acabado de me mudar com a minha família da Europa para Nova York, eu não teria hesitado em deixar o mundo das agências para trás.

O LADO DO CLIENTE ESTÁ MAIS POPULAR DO QUE NUNCA

Equipes internas em empresas que não são da área de tecnologia também estão crescendo. Enquanto eu trabalhava em uma agência em Nova York, vi algumas pessoas deixarem o emprego para ocupar funções em empresas tradicionalmente tidas como de "não criação". E isso é compreensível. Quando o assunto são os produtos digitais, o lado do cliente é um lugar bem atraente para se ocupar. O pessoal de criação trabalha em projetos com um foco maior em acertar nos detalhes, em vez de ficar correndo de um projeto para outro, e em geral acaba trabalhando em um ambiente mais sustentável.

OS CULPADOS TÊM NOME E SOBRENOME

Embora os setores de criação tenham sempre tido uma reputação não muito boa, no passado, por causa da fascinação, os jovens talentos ficavam felizes em seguir uma cultura tóxica em nome de alavancar a carreira. No entanto, não há segredos na era digital, e o talento pode facilmente discernir que funções e clientes têm culturas boas ou ruins. Sites como o Glassdoor mostram que os funcionários podem opinar de forma anônima, e a avaliação deles fica publicamente disponível para potenciais contratações e clientes. Basta apenas uma pesquisa rápida para achar evidências de uma cultura ruim, que já esteve oculta atrás das portas fechadas, mas que agora está visível para todos.

PROJETOS CRIATIVOS SÃO MAIS A LONGO PRAZO DO QUE NUNCA

Como o orçamento destinado ao marketing é cada vez mais transferido para projetos digitais, o setor precisa mudar rumo a um modelo a longo prazo e se distanciar do tradicional "contrata e demite". Diferentemente do processo de criação de uma propaganda veiculada na TV ou de uma campanha de marketing, criar um produto digital é um processo lento, que dura meses ou anos em vez de semanas. Esses tipos de projeto a longo prazo requerem uma mentalidade muito diferente da abordagem rápida e furiosa tipicamente empregada por agências tradicionais.

SER LEGAL É UM BOM NEGÓCIO

Vamos deixar uma coisa muito clara. Fazer um ótimo trabalho significa trabalhar muito duro – não há atalhos. Não significa sair do trabalho às 17h. Não significa ficar sentado vendo Facebook durante o dia ou tirar duas horas de almoço. Significa, sim, trabalhar até tarde algumas vezes para tornar excelente algo que já é bom. Pode significar trabalhar em um fim de semana antes do prazo final de um projeto grande. No entanto, longas horas, ineficiência e cultura ruim devem ser a exceção, não a regra. Não é uma desculpa para a falta de respeito em relação à vida pessoal dos outros; não é uma desculpa para se ter um ego do tamanho de um planeta. Em primeiro lugar, você trabalha no setor de criação. Você não é um artista. Trata-se de uma ocupação comercial. Com certeza, é uma ocupação divertida e muito significativa, mas não é algo pelo qual você tenha que sacrificar a vida.

FAZER UM ÓTIMO TRABALHO SIGNIFICA TRABALHAR MUITO DURO — NÃO HÁ ATALHOS.

Na minha carreira, tive muita sorte de trabalhar em algumas empresas incríveis com uma cultura interna fantástica que ainda produz constantemente um ótimo trabalho. Acredite em mim, é difícil acertar e atingir um equilíbrio e é necessário muito esforço de todos os lados. No entanto, desenvolver uma grande cultura simplesmente não é mais uma opção "legal de se ter". Simplificando, se você for um babaca, seus melhores funcionários vão sair. Quando os melhores saem, o trabalho sofre as consequências. E, quando isso acontece, os clientes não procuram muito.

SERÁ QUE SOU UM BABACA?

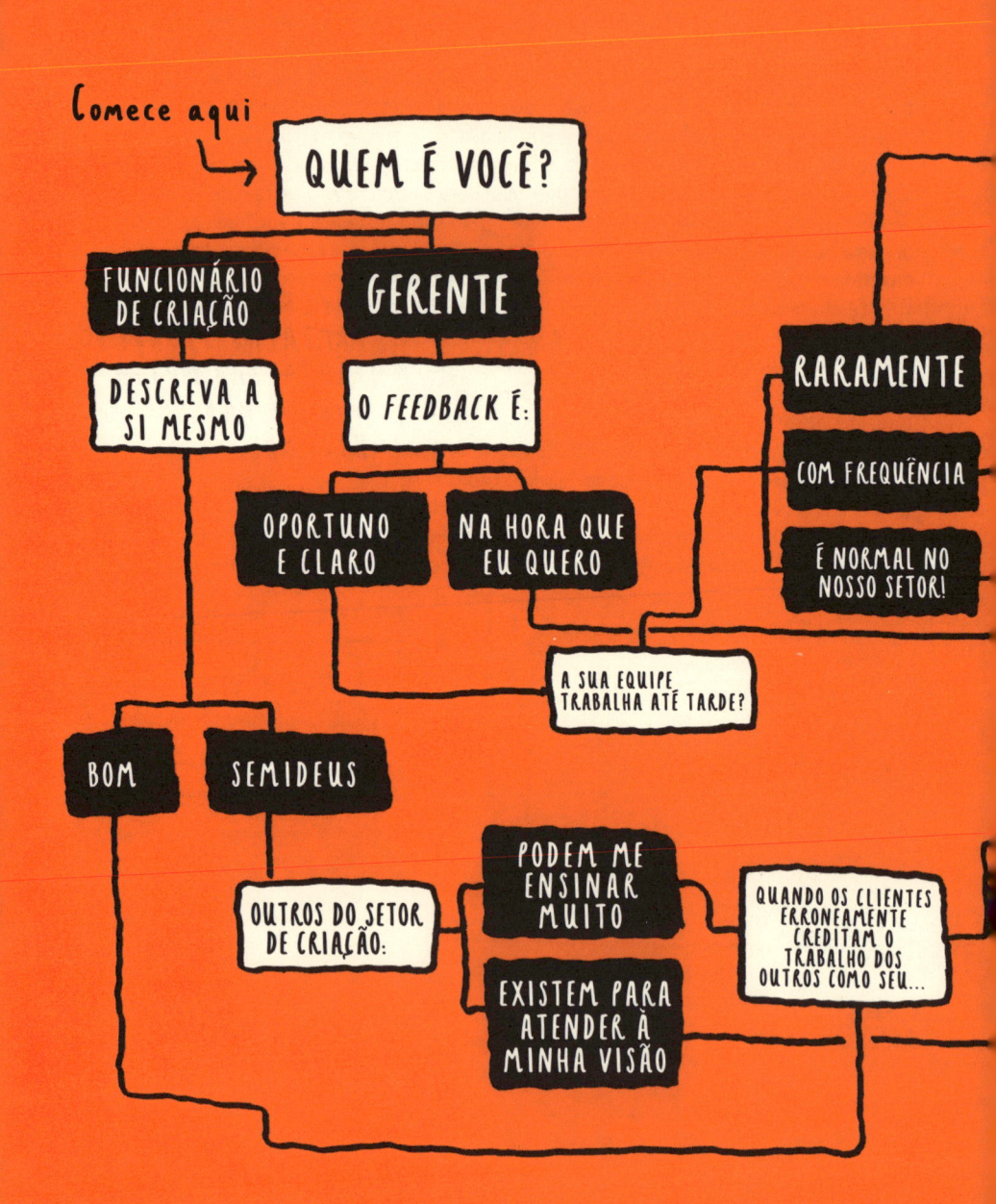

JÚNIOR

PLENO

SÊNIOR

EXECUTIVO

EGOS

Com raras exceções, o indivíduo criativo se encaixa em uma das duas categorias: o extremamente inseguro e o egomaníaco. O primeiro vive duvidando de si próprio e tem necessidade de aprovação contínua. Na verdade, trata-se do melhor tipo de pessoa na agência, uma vez que está sempre se esforçando para melhorar. Infelizmente, a necessidade de aprovação significa que essas pessoas são manipuladas com facilidade e usadas pelo outro grupo – o de egomaníacos, que são o assunto deste capítulo.

Talvez haja uma profunda ligação inconsciente entre esses dois tipos de indivíduos. No entanto, sem nenhuma qualificação quando o assunto são questões ligadas à mente, posso simplesmente dizer que o ego não tem espaço nos setores de criação. Remover esse tipo de comportamento e, se necessário, esse tipo de pessoa, irá resultar em um ambiente de trabalho melhor para todo mundo, com equipes mais autônomas e rentáveis, e – o mais importante – em um trabalho melhor.

COMPREENDENDO UM EGOMANÍACO

Para compreender por que o ego não tem espaço nos setores de criação, vamos examinar com mais detalhes os egomaníacos. Esses indivíduos, em geral (embora nem sempre), são parte do departamento de criação e, muitas vezes, têm cargo sênior. Eles têm uma forte crença de que são a fonte de toda a grandeza na agência, que, por sua vez, é sortuda por contar com a presença deles. Eles se veem como um messias dos dias de hoje, e a opinião deles está sempre correta. Todas as ideias para um projeto devem vir deles, e aquelas dos outros são raramente consideradas – a menos que eles possam ficar com os louros do sucesso. Mostram uma flagrante falta de respeito em relação ao tempo das pessoas. Enfim, acreditam que os outros existem apenas para construir a reputação deles.

Os diretores de criação costumam ficar no topo da lista dos egomaníacos da agência. Para ser justo, talvez isso não seja só por culpa deles. Nas grandes agências, os diretores de criação são postos em um pedestal pelas equipes de gestão de contas, que estão abaixo na hierarquia, e apresentados como uma figura mística, semelhante a Cristo, aos clientes. Até certo ponto, esse tipo de tratamento deveria contagiar qualquer um. No entanto, embora esteja tudo bem em bancar o Cristo místico para os clientes, é uma situação totalmente diferente agir dessa forma com a própria equipe.

> **EMBORA ESTEJA TUDO BEM EM BANCAR O CRISTO MÍSTICO PARA OS CLIENTES, É UMA SITUAÇÃO TOTALMENTE DIFERENTE AGIR DESSA FORMA COM A PRÓPRIA EQUIPE.**

Um dos Cristos místicos mais memoráveis que já encontrei foi um diretor de criação da velha-guarda – que chamarei aqui de Willy Piscarelli – cujo passatempo preferido era assumir projetos com prazos impossíveis em nome de sua equipe. Willy aparecia com entusiasmo na sala de projetos para informar a equipe sobre um "novo *pitch* empolgante", que resultaria em um lamento coletivo, pois sabíamos que os próximos dias seriam de poucas – ou nenhuma – horas de sono. Nos cinco dias seguintes, Willy simplesmente sumia. Ninguém conseguia achá-lo na mesa do escritório, nas salas de conferência ou em qualquer lugar da agência. Ele não retornava e-mails ou mensagens de texto da nossa equipe, que precisava de um *feedback* e ficava cada vez mais desesperada com a aproximação do fim dos prazos. No dia da entrega, Willy aparecia na agência, como se fosse o verdadeiro Cristo místico ressuscitado. Em um tom blasé, Willy informava à equipe que, sem nosso conhecimento, ele formara uma segunda equipe e iria apresentar o trabalho dela e não o nosso.

Como muitos outros personagens deste livro, Willy ainda está vivo e nunca foi demitido – ou morto pela equipe de designers juniores subordinada a ele. Na verdade, tenho certeza de que ele foi promovido algumas vezes depois da última vez que nos encontramos.

TIPOS DE EGOMANÍACOS

O DIRETOR DE ARTES
QUE É UMA SOMBRA

DESIGNER DO TIPO "MEU
TRABALHO É MUITO BOM
PARA ATENDER A PRAZOS"

DIRETOR DE CRIAÇÃO
QUE GOSTA DE LEVAR
OS CRÉDITOS PELO
TRABALHO DO OUTRO

O CARA DO SETOR DE
GESTÃO DE CONTAS QUE
GOSTA DE APARECER

CLIENTE DO TIPO
"EU SOU DESIGNER"

SOU UM CEO MUITO
IMPORTANTE PARA
"DAR AS CARAS"

PENSAMENTOS DE UM EGOMANÍACO

Que cabelo brilhoso eu tenho!

Eu sou um verdadeiro Cristo dos dias de hoje

A ideia da Jenny foi boa e vou aproveitar

Este terno com imitação de lã é muito moderno

Só eu posso apresentar essa ideia

Cara, estou ótimo nessa calça jeans feminina

Nossa, como as minhas mãos são lindas

Um designer júnior deveria limpar essas belezinhas

OS EGOMANÍACOS FAZEM MAL AOS NEGÓCIOS

Caros diretores de criação e todas as outras pessoas: deixem os seus egos em casa ou no palco de uma sala de conferências. Simplesmente, não há razão para os egomaníacos existirem no local de trabalho de criação. Os egos reprimem o crescimento da equipe, afetam a qualidade do trabalho e custam dinheiro para a agência.

OS EGOS REPRIMEM O CRESCIMENTO DOS INDIVÍDUOS E DAS EQUIPES

Um dos piores aspectos da personalidade dos egomaníacos é a falta de confiança nos outros. Eles precisam microgerenciar cada parte do trabalho que sai da agência e não conseguem delegar as tarefas de forma satisfatória. Acreditam de verdade que eles, e só eles, podem realizar as tarefas de forma correta. Já tive diretores de criação seniores que ganhavam salários altos que insistiam em revisar cada mudança de redimensionamento de um banner de uma campanha feito por um designer de produção. Embora eu acredite que a atenção ao detalhe seja fundamental, trata-se de uma maluquice completa. Esse nível de microgerenciamento significa que uma equipe nunca poderá tomar a própria decisão ou crescer individualmente.

OS EGOS CUSTAM DINHEIRO PARA AS AGÊNCIAS

Ao agirem consistentemente como um gargalo no processo criativo, os egomaníacos espremem orçamentos de projetos e o calendário ao não proporcionarem um *feedback* em momento oportuno e ignorarem a realidade dos prazos de produção. Eles têm a opinião de que alcançar a "visão artística" pessoal é mais importante do que o sucesso geral de um projeto sob uma perspectiva financeira e de viabilidade.

OS EGOS AFASTAM OS MELHORES FUNCIONÁRIOS

Um egomaníaco raramente vai compartilhar os holofotes com outra pessoa. Ele assume os melhores trabalhos e deixa os menos interessantes para os outros. Dificilmente serve como mentor de jovens talentos, uma vez que está muito decidido a alcançar uma visão criativa. Os jovens criativos talentosos tolerarão isso apenas até conseguirem uma oportunidade em um lugar onde possam brilhar.

OS EGOMANÍACOS ESPREMEM ORÇAMENTOS DE PROJETOS E O CALENDÁRIO.

COMO CRIAR UMA CULTURA LIVRE DE EGOS

Quer criar um ambiente de trabalho livre de egos? Não é fácil. Os setores criativos estão repletos de pessoas de cabeça quente, inseguras, aquelas que sofrem de insônia e diversos outros tipos com personalidade excêntrica que são raramente lógicos e sábios. No entanto, tenha em mente que espaços de trabalho criativos são operações comerciais. Você não é um artista, mas sim um profissional que pode e deve ser capaz de se comportar como um adulto. Aqui estão as duas coisas mais importantes que qualquer um em uma posição de liderança no setor de criação pode fazer para reduzir os níveis de egomania no espaço de trabalho.

DEIXE OS FUNCIONÁRIOS FAZEREM O TRABALHO DELES EM PAZ

Pare de microgerenciar. Confie na sua equipe e deixe que ela faça o trabalho. Se tiver uma razão válida para não confiar na sua equipe, demita-a. Steve Jobs, o ex--CEO da Apple, uma vez disse: "Não faz sentido contratar pessoas inteligentes e dizer a elas o que fazer; contratamos pessoas inteligentes para que elas possam nos dizer o que fazer". Um egomaníaco nunca confia na equipe e sempre tem a necessidade de tomar a decisão final. Em uma entrevista em 2007,[2] Donald J. Trump afirmou que ele não acredita em contratar pessoas mais inteligentes do que ele. Se isso não convence você a deixar o seu pessoal fazer o próprio trabalho, então, honestamente, não sei o que irá convencê-lo.

SEMPRE DÊ CRÉDITO A QUEM MERECE

Nunca colha os louros por um trabalho que você não fez. Mais uma vez, os diretores de criação em geral são os piores infratores aqui, em especial quando o assunto é apresentar o trabalho para os outros. Sempre dê crédito a quem merece. Seja humilde e corrija as pessoas quando os esforços dos outros são equivocadamente atribuídos a você. Se estiver em uma posição sênior, você deve sempre evitar elogios pessoais por parte dos clientes e direcioná-los à equipe. Como alguém em um cargo sênior, você não precisa de chavões - a sua função é fazer com que a sua equipe cresça, não o seu ego. Quando eu era um designer júnior, trabalhei com um diretor de criação que foi bem-sucedido ao enaltecer os esforços da equipe em todas as oportunidades. Quando apresentava um trabalho a um cliente, ele sempre incluía um slide com o nome de todos da equipe - do estagiário aos funcionários seniores - que trabalharam no projeto. Como funcionário júnior, um papel que raramente vê o reconhecimento de clientes, isso era muito importante para mim.

A SUA FUNÇÃO É FAZER COM QUE A SUA EQUIPE CRESÇA, NÃO O SEU EGO.

---

2 http://www.cnbc.com/2016/12/19/donald-trump-hiring-people-smarter-than-you-is-a-mistake.html

QUANDO EGOS SÃO NECESSÁRIOS

Não me leve a mal: aqueles que têm personalidades exageradas desempenham um papel fundamental em agir como um modelo a ser seguido internamente, em construir a marca fora da empresa e em definir a voz de uma agência de criação. Os maiores nomes em design e publicidade – Stefan Sagmeister, Erik Spiekermann e Bob Greenberg, apenas para citar alguns – montaram seus negócios ao redor de suas personalidades públicas e abrangentes, com o suporte, é claro, de um ótimo trabalho. Ter uma personalidade forte e franca dá à agência uma cara pública e uma voz que promove e define a própria marca. No entanto, enquanto essas personalidades podem ser fortes, controversas e, às vezes, ofensivas, elas são apenas isso – personalidades públicas. Ter uma personalidade forte em público é muito diferente de ter o ego inflado diante da própria equipe de trabalho no dia a dia.

Trabalhei com Erik Spiekermann por alguns anos em Berlim. Ele tem uma personalidade exuberante, sempre é a voz mais alta na sala e o mais franco nas entrevistas ou conferências. Nunca tem medo de expressar opiniões controversas. Mas, quando está em sua agência, ele é um dos diretores de criação com os quais trabalhei que mais respeitam e estimulam a equipe. Em particular, ele presta atenção à equipe júnior, sempre chamando todos pelo nome e estimulando-os de forma consistente. Ele dá crédito a quem merece, corrigindo publicamente os outros quando, de forma equivocada, ele recebe os méritos por algo que outra pessoa fez. Se um dos principais nomes do design pode ser bem-sucedido fazendo isso há mais de 40 anos, com certeza, é possível frear o seu ego, certo?

TER UMA PERSONALIDADE FORTE EM PÚBLICO É MUITO DIFERENTE DE TER O EGO INFLADO DIANTE DA PRÓPRIA EQUIPE.

REUNIÕES

Quando o assunto são as reuniões, aí vai um segredinho: apenas os babacas gostam de reuniões inúteis. Todo ser humano normal as odeia. De acordo com a minha experiência, a grande maioria das reuniões de criação ou relacionadas a projetos é desnecessária.

Reuniões desnecessárias são uma perda de tempo, e o tema em geral pode ser discutido de forma muito mais eficaz por meio de uma mensagem de texto ou uma conversa rápida. Essas reuniões consomem o orçamento dos clientes, enquanto esse dinheiro poderia ser mais bem empregado na produção do trabalho em si. Uma reunião sem um propósito claro e o estabelecimento dos próximos passos concretos irá causar confusão e pôr o pessoal de criação em uma busca inglória durante dias. Em resumo, qualquer projeto, agência ou equipe será mais eficiente e produzirá um trabalho melhor se ocorrerem poucas reuniões, o mais curtas possível e sempre com o objetivo extremamente definido. Quando se fala em reuniões, pense como os alemães, e você não vai errar feio.

OS BABACAS E AS REUNIÕES

Os egomaníacos adoram reuniões de todos os tipos. Quanto mais inútil a reunião, melhor! Uma reunião tem um público pronto para ouvir os egomaníacos falarem. Eles podem ficar em pé na frente da sala e parecer importantes. Podem desenhar linhas tortas e engraçadas em um quadro e depois apontar para elas. Podem fingir que estão ouvindo as ideias dos outros antes de interrompê-los com a própria epifania pioneira. Para os egomaníacos, uma reunião inútil é como uma manhã no dia de Natal para uma criança de seis anos.

PARA OS EGOMANÍACOS, UMA REUNIÃO INÚTIL É COMO UMA MANHÃ NO DIA DE NATAL PARA UMA CRIANÇA DE SEIS ANOS.

Ao longo dos anos trabalhando nas agências de criação, conheci muitos que adoravam reuniões inúteis. Um que se destaca – vamos chamá-lo de Cyril Rugastov – era um gerente de projetos de quase trinta anos e com uma voz insuportável. Quando o conheci, ele era responsável por um projeto relativamente não muito importante, no qual, para a minha infelicidade, eu também estava trabalhando. Cyril era um cara muito autocentrado. A presença dele em qualquer sala parecia um furacão. Ele não ficava satisfeito enquanto não tivesse perturbado todos em um raio de dezesseis quilômetros. Ele era o tipo de pessoa retratada em séries de comédia como *The Office*. Acima de tudo, Cyril amava o som da própria voz.

Ele tinha o prazer de conduzir reuniões longas com a participação da equipe inteira, que, em geral, duravam mais de duas horas, com pouco propósito, além de terem um título vago como "Atualização" ou "*Status* do Projeto". Durante um projeto que particularmente tomava muito tempo, Cyril aumentou a frequência dessas reuniões para duas vezes por dia: "Atualização da manhã" e "Atualização da tarde". A presença nas duas reuniões era obrigatória para que a equipe toda atualizasse Cyril sobre o que havia sido feito desde a última reunião duas horas antes. Invariavelmente, Cyril usava a reunião como uma plataforma improvisada para compartilhar as opiniões dele sobre tudo, desde o motivo pelo qual ele não gostou da escolha da cor da fonte até o que ele achou do episódio mais recente de *Keeping Up With the Kardashians*.

Cyril sempre envolveria o máximo de pessoas possível em cada reunião. Afinal, qual seria o propósito de comandar uma reunião se não houvesse público? Ele não só convidava a equipe de projeto, como também os envolvidos em outros projetos que não tinham relação com aquele discutido, o pessoal de outras áreas e a gerência. Ué, por que não trazer as crianças também?! Com frequência, independentemente do número de pessoas que compareciam à reunião ou da duração dos encontros, todos saíam da sala se perguntando: "O que acabou de acontecer?".

Em uma tarde, Cyril conduziu uma reunião particularmente intensa que durou mais de duas horas. Ele estava tão focado na reunião que não percebeu que a equipe inteira do projeto foi deixando a sala um a um. O único que permaneceu foi o estagiário, que escutava atentamente a cada palavra. Já trabalhei com muitas pessoas do tipo de Cyril desde então, mas, para mim, ele era o original e sempre terá um lugar cativo por causa de sua egomania hilária.

Não são só os babacas e os egomaníacos que adoram reuniões. Há uma diferença cultural em jogo também. Por exemplo, os norte-americanos gostam muito mais de reunião do que os norte-europeus. Adoram discutir coisas em grupo, fazer *brainstorming* e ter novas ideias juntos. Os alemães, por outro lado, não levam muito em consideração essa prática. Em vez disso, a eficiência em geral é valorizada acima de qualquer coisa.

O problema com reuniões ineficientes ou o excesso delas no nosso setor é que pessoas criativas em geral se distraem com facilidade. Adoramos discutir, improvisar, fazer *brainstorming* e depois discutir mais um pouco. Buscamos a aprovação dos outros. Junte um monte de criativos em uma estrutura de reunião desorganizada e pode ter certeza de que nada será feito. E, quando nada é feito por causa de reuniões inúteis, as pessoas têm que trabalhar por mais horas para terminar a droga do trabalho que estão fazendo.

Trabalhei com um sócio alemão em uma agência de criação que comandamos por alguns anos. Ele era um mestre em eficiência, em grande parte por causa de sua dedicação à prática de trabalho inteligente que fazia com que os funcionários terminassem o expediente na hora certa. Reuniões inúteis o tiravam do sério. Ele começava a questionar as pessoas sem parar quando elas marcavam reuniões espontâneas e de forma despreparada que consumiam o tempo de todo mundo. Acredite em mim, você não vai querer irritar um alemão.

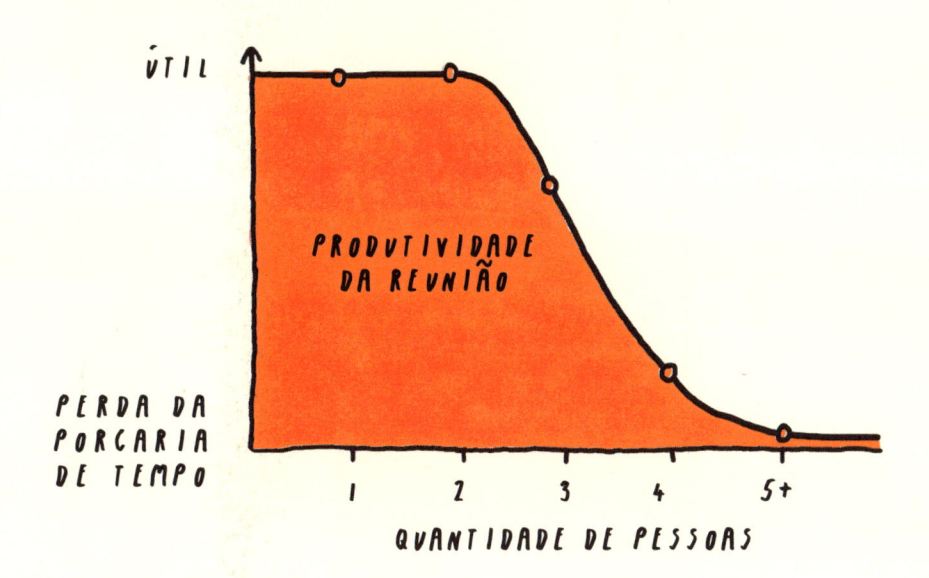

SERÁ QUE A REUNIÃO É MESMO NECESSÁRIA?

Antes de marcar no calendário, é bom se perguntar: "Preciso mesmo fazer uma reunião para isso?". Será que uma troca de e-mail ou de mensagem rápida não daria conta? Ou uma conversa cara a cara na mesa do diretor de criação para discutir o *feedback* do cliente?

Quando se trata de trabalho de criação, há apenas duas ocasiões em que reuniões presenciais são sempre necessárias (ou pelo menos preferíveis). A primeira delas é sobre o *briefing* do projeto. Nenhum projeto, seja ele pequeno ou grande, deve começar sem um *briefing* presencial bem preparado com a presença da equipe inteira, em que as perguntas devem ser respondidas. É muito comum que os projetos de criação comecem com pouco ou nenhum *briefing* além de um bilhete curto via e-mail do tipo: "Crie uma nova página de marketing para o cliente como aquela que fizemos no mês passado". Não há nada que substitua um *briefing* claro e presencial para produzir um trabalho que atenda às necessidades do cliente e do usuário (voltaremos ao tema *briefing* depois).

A segunda ocasião em que reuniões presenciais são altamente benéficas é na apresentação do trabalho. Não importa a duração ou o grau de sucesso da relação com o cliente, quando se trata de apresentar o trabalho de criação ou de design, reuniões presenciais são de longe a melhor forma de compartilhar o pensamento subjacente às escolhas e de responder às questões ou às preocupações. De acordo com a minha experiência, é provável que uma ideia ou um trabalho tenha o dobro de chance de ser aceito se for apresentado pessoalmente a um cliente.

COMO CONDUZIR UMA REUNIÃO PRODUTIVA

Aqui estão algumas coisas que aprendi do meu sócio *über-eficiente* sobre como conduzir reuniões "do jeito alemão". Para contextualizar, vejamos um exemplo do mundo real: de repente, você recebeu um *feedback* preocupante sobre o design de um logotipo em que a sua equipe está trabalhando para a "Marca XXX", para um produto novo de uma fábrica bem conhecida de brinquedo para adultos, a "Empresa XXX". É necessário convocar uma reunião com urgência para discutir como proceder com a sua equipe de criação. Nas páginas a seguir, você verá três passos que garantem um encontro produtivo e eficiente.

DEVO CONVOCAR UMA REUNIÃO?

Comece aqui

QUAL É O TEMA?

- BRIEFING
- FEEDBACK
- APRESENTAÇÃO
- GESTÃO
- CONVERSAS DIVERTIDAS

FEEDBACK DE MAIS DE UMA PESSOA?
- SIM
- NÃO

QUAL É O OBJETIVO?
- RESOLUÇÃO DO PROBLEMA
- ATUALIZAÇÃO DO STATUS
- PLANEJAMENTO GERAL

JÁ TENTOU POR E-MAIL OU MENSAGEM DE TEXTO?
- SIM
- NÃO

É URGENTE?
- SIM
- NÃO

DANE-SE

REUNIÃO
Faça com que seja breve e direta — não ponha tudo a perder.

MENSAGEM / CONVERSA
Não precisa gastar o tempo das pessoas com baboseiras.

E-MAIL
Nenhuma ação urgente é necessária, então um e-mail já é o suficiente.

1. MARCANDO A REUNIÃO

Envie um convite adequado. O ideal é que seja com um dia de antecedência da hora marcada para a reunião. As pessoas precisam ter a chance de se preparar. No entanto, quando há pouco tempo, marque a reunião para o mesmo dia à tarde. Uma convocação adequada para uma reunião contém os seguintes componentes-chave:

→ **Título:** Escolha um título que seja descritivo – não algo idiota como "Atualização". Por exemplo, "Discutir o *feedback* do cliente de design da Marca XXX".

→ **Objetivo:** Faça uma descrição prévia do propósito da reunião, como "Definir os próximos passos para o design do logotipo da Marca XXX com base no *feedback* recente do cliente".

→ **Duração:** Tente manter a reunião o mais curta possível. Trinta minutos geralmente é o tempo necessário para a maioria das atualizações de projetos do dia a dia.

→ **Local:** (essa informação parece óbvia, mas em geral é esquecida).

→ **Convidados:** Mantenha a lista de convidados o menor possível de modo a não desperdiçar o tempo das pessoas. Não chame quem não precisa estar na reunião. Caso não tenha certeza, pergunte à pessoa ou ponha que o comparecimento dela é opcional.

→ **Estabeleça as expectativas:** As pessoas precisam preparar tudo para a reunião? Há um documento de *feedback* que elas precisam revisar? Se este for o caso, isso deve ser incluído no convite.

O QUE NÃO LEVAR PARA UMA REUNIÃO

EGOS

OPINIÕES SEM EMBASAMENTO

ANIMAIS DE ESTIMAÇÃO

ITENS NÃO RELEVANTES PARA O TEMA DA REUNIÃO

PESSOAS DESNECESSÁRIAS

DISTRAÇÕES

2. DURANTE A REUNIÃO

O organizador da reunião é, de fato, o dono dela. Ele é o responsável por moderar a reunião (seja ele um gerente de projeto sênior, um designer júnior ou o Papa). Uma boa reunião tem o seguinte formato:

Descreva o objetivo da reunião

Comece toda reunião com "O objetivo desta reunião é...". No nosso exemplo, o objetivo da reunião é: "Definir os próximos passos para o design do logotipo da Marca XXX com base no *feedback* recente do cliente".

Estabeleça expectativas

Comunique os resultados desejados da reunião. Trata-se de esclarecer o *feedback* do cliente ao reunir perguntas? Ou trata-se de simplesmente delegar pacotes de trabalho a membros da equipe? Seja claro e concreto.

Seja claro e conciso

Discuta o assunto em questão de forma clara e concisa. Sem baboseiras.

Estimule perguntas

Algo precisa ser esclarecido? A equipe de criação em geral não faz perguntas nas reuniões, então o organizador deve incentivar e garantir que tudo esteja completamente claro para todos.

Defina a próxima etapa e delegue tarefas

Defina os próximos passos concretos e o responsável por cada um deles. Todos que saírem da reunião devem ter claro o que se espera deles.

3. APÓS A REUNIÃO

O organizador da reunião envia uma recapitulação curta para a equipe, que inclui um resumo dos resultados da reunião, os próximos passos e as funções e as responsabilidades claramente definidas de modo que todos saibam o que estão fazendo. Isso, muitas vezes, é a parte mais importante da reunião, uma vez que a equipe irá se referir a esse e-mail dias depois como ponto de referência.

Fez tudo mostrado acima? Parabéns! Você já domina a arte de conduzir uma reunião eficiente e, sem dúvida, deixaria orgulhoso o alemão mais meticuloso.

ETIQUETA DA REUNIÃO

1. Diga de forma clara o objetivo da reunião.
2. Mantenha a reunião o mais humanamente curta possível.
3. Avise com antecedência se é necessário que as pessoas preparem ou tragam algo.
4. Quando explicar as coisas, forneça exemplos visuais claros.
5. Não aja como sabichão e não fale enquanto os outros estiverem falando.
6. Evite monólogos, em especial se achar que você é esperto (você não é).
7. Não leve animais de estimação para as reuniões; eles não tornam você mais criativo.
8. Não tire meleca.
9. Certifique-se de que os próximos passos concretos estejam claros para todos.
10. Envie uma recapitulação de acompanhamento após a reunião.

PITCHING

Uma das práticas mais controversas quando o assunto é adquirir projetos de criação é o *pitch* gratuito, conhecido também como *"spec work"* ou "trabalho especulativo". Se você já trabalhou em uma agência, ou até como freelancer, em algum momento já viu esse processo de aquisição de projetos em que um possível cliente passa um "teste" para avaliar as habilidades do prestador de serviço da área criativa. Obviamente, a parte controversa dessa prática é que esses trabalhos não são pagos.

O *pitching* gratuito há muito tempo faz parte do setor criativo. Na verdade, pesquisas indicam que 70% dos clientes consideram uma "amostra" gratuita do trabalho de um prestador de serviço como parte do processo de contratação de uma agência ou de uma equipe de criação.[3] Para as agências maiores, que podem arcar com esse processo seletivo, a participação em *pitches* gratuitos faz parte da conquista de novos clientes. As agências maiores têm condições de bancar esse custo, então elas fazem isso.

3.https://www.designweek.co.uk/issues/20-26-march-2017/research-
-reveals-70-clients-wouldexpect-designers-free-pitch/

O PITCHING GRATUITO NOS SETORES DE CRIAÇÃO

Quando eu trabalhava em Nova York, todos os dias uma equipe ou outra na agência estava atolada com o processo de *pitch*. Tipicamente, o processo seletivo do *pitch* em uma agência grande começa com uma "Solicitação de Proposta" (RFP) chegando na caixa de entrada da equipe de desenvolvimento de negócios da agência. Após decidir que a agência irá participar, são selecionadas uma equipe de estratégia e outra de criação. Então batem cabeça (em geral em um período de tempo curto, mas intenso) para inventar uma solução criativa para demonstrar o conjunto de habilidades da agência.

Os prazos dos *pitches* em geral são muito apertados. Em muitas ocasiões, são dias; em outras, são meras horas para criar uma abordagem criativa completa (ou múltiplas opções, em alguns casos). Todos se entrincheiram em uma sala de guerra, e a equipe de criação começa a sonhar com a próxima grande ideia sem ter que se preocupar com a produção e as realidades orçamentárias. Eu me lembro de uma ocasião em que a equipe de criação teve um *briefing* às 18h de uma quinta-feira, com a apresentação ao cliente marcada para as 13h do dia seguinte. Inacreditavelmente, o trabalho ficou bom e vencemos o *pitch*. Parece loucura e, em geral, é mesmo. No entanto, o *pitching* também pode ser bem divertido para a equipe de criação.

O PITCHING É ÚTIL?

☐ NÃO
■ NÃO (EM LARANJA)

REQUERIMENTOS DE SOLICITAÇÃO DE PROPOSTA

- ☐ Nós queremos.
- ☐ Porcaria gratuita. Porcaria muito legal.
- ☐ De graça.
- ☑ Sim.
- ☐ Nulo, Zilch. Null. Nada.
- ☐ O mais rápido possível.

O CASO CONTRA O PITCHING GRATUITO

Apesar da onipresença nos setores de criação – e da diversão, já que o *pitching* gratuito funciona pra quem pode bancá-lo –, muitos o consideram uma prática questionável, e recentemente tem havido um movimento significativo contra o *pitching*. Muitos o veem como uma prática de exploração. No setor de design, particularmente, as organizações, incluindo AIGA[4] e NO!SPEC,[5] manifestaram-se publicamente contra o *pitching* gratuito. O argumento é claro: não há outra indústria no planeta em que se espera que um prestador de serviços trabalhe por dias ou semanas de graça apenas para auxiliar em um processo de tomada de decisão. Não seria de se esperar uma "provinha" como cortesia de cada um dos cinco restaurantes em que você está cogitando jantar na sexta-feira à noite. Por que você esperaria isso quando escolhe um designer ou uma agência de criação?

Como designer ou agência de criação, deve-se pegar uma estrada longa e dizer não para um *pitch* gratuito? Ou isso é utopia? Você deveria atribuir o *pitching* gratuito como apenas o "custo envolvido em se fazer negócios", não havendo diferença alguma em relação a um convite para levar um cliente a um restaurante chique?

POR QUE O PITCHING GRATUITO NÃO FUNCIONA?

Para ser transparente com você, caro leitor, a opinião deste autor é que o *pitching* gratuito é nocivo aos setores criativos. Trata-se de uma prática tóxica que simplesmente se tornou normal ao longo do tempo. Se dermos um passo para trás, a ideia de oferecer um serviço profissional de graça como um "teste" é ridícula. Não só isso, mas o *pitching* gratuito não é um processo de avaliação eficaz para o cliente. Em resumo, o *pitching* gratuito não é favorável a ninguém. Há algumas razões para isso.

O *PITCHING* GRATUITO DESVALORIZA VOCÊ E O SEU TRABALHO
Ao oferecer um trabalho criativo em um prazo muito apertado, com um mínimo de *briefing*, contando com pouquíssimo ou nada da pesquisa do usuário ou da colaboração do cliente, cria-se uma impressão terrivelmente distorcida do que é criar um ótimo trabalho. Isso desvaloriza muito você e o seu trabalho criativo.

---

4 http://www.aiga.org/position-spec-work
5 https://www.nospec.com

VOCÊ CORRE O RISCO DE TER A IDEIA ROUBADA

Um cliente pode simplesmente se apropriar de qualquer ideia apresentada e pedir que outra agência ou até a própria equipe da empresa execute-a a um preço mais barato. Já vi isso acontecer inúmeras vezes.

O *PITCHING* GRATUITO CUSTA DINHEIRO E RECURSOS

Embora não haja problema em esbanjar dinheiro na aquisição de negócios, a questão com o *pitching* gratuito é que dinheiro e recursos estão sendo investidos em algo que provavelmente será descartado. O *pitch* consome tempo e energia de clientes de verdade. Também estabelece às equipes criativas hábitos ruins de apenas "fazer coisas legais", em vez de pensar criticamente e resolver problemas.

Talvez mais importante do que a opinião deste autor ou do que qualquer visão do setor de criação seja o fato de que o *pitching* criativo também é ruim para o cliente. Por mais divertido que seja para os responsáveis pela criação elaborar soluções extravagantes durante o *pitch* criativo, esse método de avaliar as habilidades de uma agência é inútil para o cliente. Quando um cliente pergunta por que o *pitching* é ruim para ele, aqui há três razões para apresentar a ele.

1. O *pitching* não mostra a verdadeira resolução do problema

Um trabalho produzido em um processo de *pitching* em geral é impossível de ser executado e nunca leva em consideração as realidades da produção. Qualquer aluno de design pode criar um trabalho "extravagante". É a execução deste trabalho no mundo real – com todas as exigências e limitações – que requer a verdadeira habilidade. Se você, como cliente, precisa de um parceiro de criação que pode simplesmente produzir um trabalho de *pitching*, talvez a melhor opção seja trabalhar com um aluno do primeiro ano do curso de design que seja bom em oferecer ótimas composições no Photoshop.

2. O *pitching* é um trabalho superficial

O *pitching* é um trabalho que quase nunca incorpora qualquer pesquisa sobre o usuário ou descoberta – pontos-chave para criar um trabalho significativo. Sem meias-palavras, trata-se de porcaria superficial e, falando de forma geral, deve ser descartada após o fim do *pitch*.

3. O *pitching* não dirá como é trabalhar em conjunto

O mais importante é que o *pitching* não envolve colaboração com o cliente ou com a equipe – na maioria das vezes, o resultado final do *pitch* é simplesmente uma apresentação na frente do conselho responsável pela tomada de decisão. Isso não dá uma indicação real do que é trabalhar em conjunto.

O DESAFIO DE UMA POLÍTICA "SEM *PITCH*"

No entanto, embora protestar contra o *pitch* gratuito possa ser bom em teoria, na prática, muitos clientes ainda querem esse tipo de conduta. Se você é um criativo estabelecido ou uma agência com um fluxo sólido de novos negócios internos, é fácil dizer: "Dane-se, não precisamos de *pitches*". Quando se trata de uma agência menor, uma startup ou um freelancer, ou quando se precisa do trabalho, ser linha-dura em relação a isso não é fácil. Os criativos e as agências deparam-se com um dilema: "Fazemos o _pitch_ e passamos a ser parte do problema ou rejeitamos o _pitch_ gratuito e perdemos o negócio?". É uma pergunta capciosa. Vejamos um exemplo. O escritório de Berlim da Edenspiekermann tem uma política rígida quanto à proibição de _pitching_. Isso está sacramentado em um manifesto expresso[6] e, pelo menos em teoria, toda palavra ali faz sentido total. Quando trabalhei no escritório de Berlim, eu acreditava dogmaticamente que não havia situação em que qualquer tipo de _pitch_ gratuito fosse uma boa situação. Obviamente, o escritório de Berlim é uma agência bem estabelecida na Europa.

Alguns anos depois, quando retornei para a Edenspiekermann para liderar o novo escritório da empresa em Los Angeles, a abordagem teve de ser bem distinta. Diferentemente da Europa, a agência era quase desconhecida nos Estados Unidos, e conseguir um novo negócio era um desafio, em especial no começo. O meu sócio e eu tivemos de questionar seriamente se poderíamos fazer com que uma política "sem _pitch_" funcionasse em um novo mercado em que estávamos lutando com unhas e dentes para conseguir fechar negócios. No primeiro ano de operação da empresa, tentamos diversas maneiras para abordar novos negócios (incluindo alguns poucos _pitches_ gratuitos) e chegamos a uma alternativa interessante para o _pitch_ criativo: a oficina de avaliação de criação.

A OFICINA DE AVALIAÇÃO DE CRIAÇÃO

Independentemente de ser freelancer ou um designer que trabalha em uma agência, em algum ponto, você receberá a solicitação de proposta de um projeto no qual você adoraria participar, mas que requer a submissão de uma amostra grátis do seu trabalho para aprová-lo. Embora você possa ter a política mais rígida possível contra o _pitch_, o cliente em potencial não irá mudar de opinião quanto a conseguir algum tipo de prova de que você "entende" a marca dele (apesar dos seus anos de experiência com projetos semelhantes), e você sabe que as agências concorrentes estarão submetendo trabalhos especulativos. Então o que fazer?

Ponha em jogo a oficina de avaliação de criação. Em vez de seguir os concorrentes na solicitação de proposta, peça para ligar para os responsáveis pela tomada de decisão e explique a eles por que o _pitching_ gratuito não é uma boa maneira para tomar uma decisão bem embasada.

> "FAZEMOS O PITCH E PASSAMOS A SER PARTE DO PROBLEMA OU REJEITAMOS O PITCH GRATUITO E PERDEMOS O NEGÓCIO?"

6 www.edenspiekermann.com/manifesto

DEVO FAZER PITCH?

Em vez disso, você gostaria de oferecer a oportunidade de participar de uma oficina de avaliação de criação no escritório deles. No lugar de apresentar um trabalho falso em uma apresentação de 30 minutos, você usará um dia inteiro de trabalho em conjunto para avaliar como é trabalhar com a sua equipe. Por meio de uma série de exercícios em conjunto nesta oficina, você irá explorar as verdadeiras necessidades dos usuários e dos negócios por trás da tarefa de criação e produzirá algo que, de fato, seja útil – mesmo que eles acabem não optando por sua agência.

No meu primeiro ano na Edenspiekermann em Los Angeles, conduzimos algumas dessas oficinas para propostas que inicialmente estavam solicitando *pitching* e tivemos 100% de sucesso no fechamento do projeto após cada uma dessas sessões de trabalho. Os clientes conseguiram entender de verdade como era trabalhar conosco e também gostaram do fato de que fomos honestos o suficiente para dizer a eles o que realmente era necessário.

COMO CONDUZIR UMA OFICINA DE AVALIAÇÃO DE CRIAÇÃO

Supondo que você tenha convencido o seu futuro cliente de que uma oficina de avaliação de criação é o certo para ele, a sua equipe precisa se preparar. O tema geral da avaliação de criação é "descoberta e alinhamento". Você quer descobrir o máximo possível sobre o projeto e desvelar as necessidades e os *insights* ainda não considerados pelo cliente. Ao realizar esse processo durante um dia junto ao cliente, a sua chance de vencer a seleção é muito maior do que se a agência simplesmente submeter um trabalho especulativo.

Embora o planejamento exato e os exercícios para cada oficina variem com base nas necessidades dos respectivos projetos (uma oficina para uma marca ou uma campanha seria muito diferente de uma oficina de um produto digital), aqui estão alguns exercícios para iniciar o processo.

Durante a oficina, é importante começar com cada exercício explicando o propósito e os resultados. Há livros repletos de metodologias de oficinas e exercícios (recomendo fortemente o livro *Sprint,* de Jack Knapp, publicado originalmente pela Google Venture[7]), mas cada exercício na oficina de avaliação de criação deve ter um resultado concreto que seja útil para o cliente, mesmo que ele não escolha a sua agência.

EXERCÍCIO DE DEFINIÇÃO DE PERSONA

Tempo exigido: 120 minutos
Objetivo: Definir os grupos de usuário-alvo para este projeto e compreender o que eles de fato precisam.

Preparação:
→ Cartões de persona em branco impressos em folhas grandes
→ Um exemplo de um cartão de persona completo com base em pesquisa de dados secundários

---

7 http://www.gv.com/sprint/

Como fazer um ótimo trabalho sem ser um babaca

→ Pelo menos dois arquétipos de persona para servir como exemplo caso o grupo não consiga progredir na tarefa.

Execução do exercício:

→ O moderador começa o exercício mostrando ao grupo o exemplo do cartão de persona e depois o pendura na parede.

→ O moderador então pergunta ao grupo qual deveria ser o próximo arquétipo.

→ O primeiro vai demorar mais. O moderador fornece informações para guiar os exercícios. Assim que o cartão de persona for preenchido, o moderador o pendura na parede.

→ Após o grupo completar o primeiro arquétipo, estabeleça um tempo de 15 minutos para cada definição de persona.

→ Quando o grupo achar que todas as principais personas estiverem cobertas, estas devem ser revisadas. Até seis perfis devem ser produzidos. Se mais forem criados, então o grupo deve avaliá-los de forma crítica e consolidá-los.

Resultado:
Cartões das personas completos para cada grupo dos principais usuários do produto/serviço.

EXERCÍCIO DO QUADRO DE VISÃO DE UM PRODUTO (OU MARCA)

Tempo exigido: 120 minutos
Objetivo: Identificar as oportunidades para o produto ou marca para cada grupo de usuários.

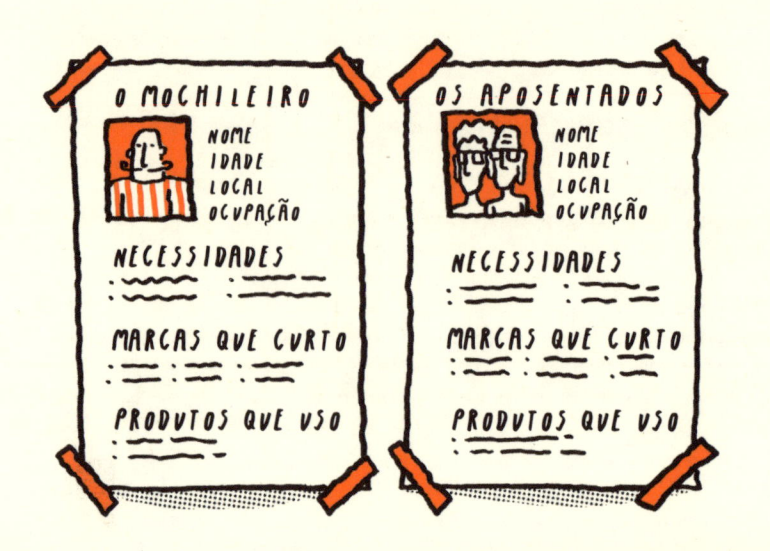

Preparação:

→ Divida um espaço amplo na parede em uma matriz de seis colunas e três fileiras.

→ Pendure cartões de personas do exercício anterior no topo de cada coluna.

→ À esquerda de cada fileira está um rótulo. De cima para baixo, os rótulos são: "Necessidades", "Soluções" e "Valores".

Execução do exercício:

→ Passando por cada persona, o moderador pergunta ao grupo o que cada usuário precisa com base no contexto do produto ou da marca. Por exemplo, se fosse um aplicativo para pedir comida, poderia ser: "Preciso de um jeito de ver se o que vou comer é adequado para diabéticos".

→ Quando a caixa "Necessidades" para aquela persona está preenchida, o moderador prossegue para "Soluções". Para cada "Necessidade", deve haver uma solução correspondente. Para o exemplo anterior do aplicativo para pedir comida, uma solução para a necessidade deveria ser: "Um filtro que permite que eu mostre apenas refeições adequadas para diabéticos".

→ O passo final é "Valores", em que, com base nas soluções, escreve-se o valor que a solução acrescenta à vida das pessoas. Usando o mesmo exemplo de novo, um valor poderia ser: "Este aplicativo para pedir comida é a minha forma de encontrar ótimas opções de refeição, independentemente das minhas necessidades alimentares".

Resultado:

O quadro da visão da marca/produto que mostra as necessidades e as oportunidades correspondentes.

EXERCÍCIO DOS TIPOS DE PÁGINA

Tempo exigido: 90+ minutos (dependendo da escala do produto digital)
Objetivo: Definir as páginas (ou telas) em um projeto de site ou aplicativo, o objetivo e quais elementos elas contêm.

Preparação:
→ Disponibilize a quantidade suficiente de *template* em branco de modo que cada participante da oficina possa mapear todas as páginas primárias.

Execução do exercício:
→ O moderador explica o exercício e reúne uma lista de todas as páginas que foram idealizadas nesta sessão. Deve haver no máximo 15 em uma sessão de trabalho. Apenas as principais páginas do site são incluídas. As páginas terciárias, como divulgação legal ou páginas "padrão" que não exigirão muito raciocínio (p. ex., páginas de contato já prontas ou página de FAQ padrão) não estão inclusas.
→ O grupo é dividido em duplas, e as páginas são divididas entre as equipes.
→ Em um prazo de 30 minutos, o grupo completa os *templates* do tipo de página para as tarefas atribuídas.
→ Cada equipe apresenta os *templates* completos da página para discussão.
→ Os resultados e a discussão são documentados pelo moderador nos *templates*.

Resultado:
Um mapa consolidado das páginas no site.

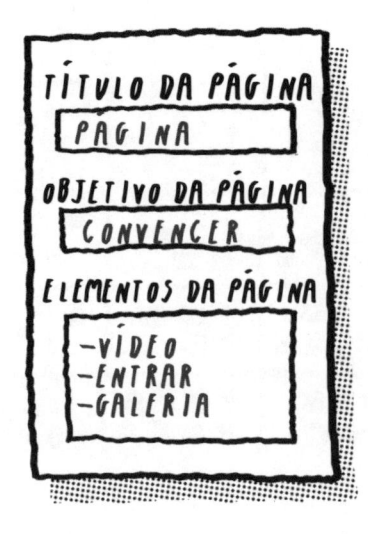
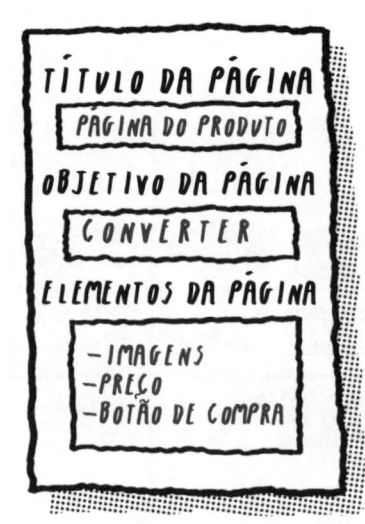

EXERCÍCIO DE VOCABULÁRIO VISUAL

Tempo exigido: 120 minutos
Objetivo: Criar alinhamento com a linguagem visual.

Resultado:
Um alinhamento completo sobre a direção visual da marca, campanha ou produto.

(Ver página 72 para obter uma lista expandida sobre como conduzir este exercício).

PITCHING GRATUITO: UMA MUDANÇA LENTA

Desde que haja agências e clientes, o *pitching* gratuito provavelmente sempre fará parte, de alguma forma, do setor de criação. Se quisermos mudar isso, nós, como um setor, temos a responsabilidade de educar nossos clientes com relação ao motivo pelo qual o trabalho criativo não pago não é bom para o trabalho em si e para os negócios deles. Independentemente de você convencer ou não o cliente do contrário, há a oportunidade de educá-lo toda vez que você receber uma oferta para realizar um serviço não pago. O *pitching* gratuito faz parte da relação entre cliente e agência há décadas, então, se quisermos mudar a maneira como as coisas são feitas, a responsabilidade é nossa.

PLANEJANDO O ESCOPO

Uma das piores práticas do setor de criação - longas horas, trabalho apressado, nervos à flor da pele e caos geral - muitas vezes tem uma causa: projetos que apresentam um escopo inadequado. Pode ser um orçamento deficitário, um prazo muito apertado ou uma lista de entregáveis inatingíveis.

Quando se trata de fazer o escopo dos projetos, nós, o pessoal da criação, em geral somos o nosso pior inimigo. Para nós, quando um projeto parece empolgante do ponto de vista criativo, toda a noção de realidade pode ir por água abaixo. Apressamos a preparação do escopo, dizendo sim para quase tudo que o cliente pede apenas para conseguir o projeto. Muitas vezes, no início da minha carreira, eu disse a um possível cliente: "Vamos fazer e depois a gente vê os detalhes!". É claro que, dois meses depois, nos ferramos.

Os funcionários do setor de gestão de contas e do desenvolvimento de negócios, cujos salários dependem (pelo menos parcialmente) da venda de projetos, em geral são responsáveis pelo escopo precário dos projetos, subestimando o grau de esforço que será necessário para completar o trabalho devido à falta de conhecimento ou simplesmente por não se importar depois que a grana entra.

Não importa de quem é a culpa pelo escopo inadequado, todo mundo sofre. O excesso de promessas pode fazer com que se consiga o projeto. Mas quase sempre termina com estresse, longas horas de trabalho e a entrega de menos do que se esperava – resumindo, o resultado é um cliente decepcionado e uma equipe chateada.

OS PROBLEMAS COM O ESCOPO INADEQUADO

Em algum estágio de nossas carreiras, a maioria de nós aprenderá a lição de se elaborar um projeto com escopo. Em geral, basta apenas um incidente para que pensemos com cuidado antes de dizer sim a qualquer capricho do cliente na próxima vez. Há uns dois anos cometi um erro em um projeto muito grande para uma empresa que consta na lista da Fortune 500. O projeto era um amplo *redesign* e construção de um site para uma empresa, que duraria meses e envolvia um orçamento enorme. No desespero de fechar o negócio, juntamos a nossa equipe de forma apressada e escrevemos o escopo do projeto e a proposta com base na suposição de que: "É um orçamento grande, dará tudo certo!". Em retrospecto, não era nada disso – e não demoraria muito para que esse escopo nos ferrasse.

NÃO IMPORTA DE QUEM É A CULPA PELO ESCOPO INADEQUADO, TODO MUNDO SOFRE.

O documento era vago, e a melhor descrição seria um cheque em branco que prometia fornecer qualquer ideia aleatória que viesse à cabeça de nossos clientes. Não era de se surpreender que o cliente estava feliz com o projeto e assinou o contrato. A nossa felicidade durou pouco. Poucas semanas após o início do projeto, percebemos que deveríamos decifrar uma montanha de dados da arquitetura do sistema preexistente por semanas ou meses antes de escrever uma única linha de código.

As últimas semanas do projeto foram um verdadeiro inferno. A tentativa de comprimir um monte de recursos em um sistema preexistente, combinada ao *feedback* implacável do cliente, era parecida com a sensação de ser forçado a beber em uma mangueira de extintor de incêndio enquanto se guia um monociclo. No último mês do projeto, a equipe, muito insatisfeita e prestes a desistir, trabalhou sessenta horas por semana.

Em uma retrospectiva em grupo após a conclusão do projeto, a nossa equipe identificou que tudo isso poderia ter sido evitado se o escopo do projeto tivesse sido elaborado corretamente desde o início. A lição foi: "É crucial dedicar um tempo para fazer o escopo do projeto".

COMO DEVO COBRAR UM PROJETO?

Comece aqui →

TIPO DE PROJETO

- **PRAZO FIXO**
- **PEQUENO PROJETO DIGITAL**
- **PROJETO EM ANDAMENTO**
- **GRANDE PROJETO DIGITAL**

VOCÊ ENVOLVEU TODAS AS COMPETÊNCIAS NO PLANEJAMENTO?

- **SIM**
- **NÃO**

VOCÊ JÁ DEFINIU ENTREGÁVEIS QUANTIFICÁVEIS EXATOS?

- **SIM**
- **NÃO**

NÃO PULE ESTE PASSO

ESCOPO COM O PREÇO FIXO

Projetos com uma quantidade de tarefas conhecida são apropriados para o escopo com o preço fixo por causa da previsibilidade deles.

ADIANTAMENTO

Para o trabalho em andamento, adiantar o pagamento pode ser uma boa escolha, uma vez que o cliente pode apenas ajustar os entregáveis em um orçamento já estabelecido.

PROJETO ÁGIL

Devido a imprevistos e à grande complexidade, é extremamente difícil elaborar o escopo de grandes projetos digitais.

Depois de assinado o contrato, um escopo inadequado não pode ser facilmente ajustado, e a equipe de criação responsável pelo projeto fica muito presa a qualquer que seja o prazo ridículo que tenha sido predefinido (em geral, sem a contribuição deles). Não só isso, mas um escopo precariamente definido acaba trazendo um monte de problemas à equipe.

LONGAS HORAS DE TRABALHO

Projetos com o escopo inadequado são uma das principais razões do excesso de horas que se passa no setor de criação. Quase sem exceção, quando um projeto tem um escopo ruim, no final há uma briga para atender ao prazo.

DESVALORIZAÇÃO DO TRABALHO

Um escopo definido de forma inadequada sempre resulta em mais trabalho, nunca em menos, do que o orçamento inicialmente proposto. Isso, por sua vez, desvaloriza o trabalho ao literalmente baixar o preço por linha ao longo do projeto. A pior parte é que, se o cliente conseguiu espremer o escopo uma vez, pode ter certeza de que ele tentará de novo. Em alguns casos extremos, isso significa encerrar uma relação com o cliente porque você passou uma compreensão distorcida do quanto deve custar um trabalho criativo.

PIORA DA QUALIDADE

Não precisa ser um gênio para perceber que, quando estamos com pressa para finalizar o trabalho, a qualidade piora. Embora um projeto apressado às vezes seja ok, tornar isso um hábito significa que você se tornou um criativo ou uma agência que realiza um trabalho medíocre. Quando alguém que está decidindo se vai contratar você olha o seu portfólio, ele não se importa se você levou duas horas ou dois meses para realizar aquele trabalho – o que é relevante é a qualidade.

UM ESCOPO DEFINIDO DE FORMA INADEQUADA SEMPRE RESULTA EM MAIS TRABALHO DO QUE O ORÇAMENTO INICIALMENTE PROPOSTO.

O CUSTO É CARO

Mesmo que você não se importe com a sua equipe ou com a qualidade do trabalho, o escopo inadequado custa caro. Quando se está preso a um projeto com um escopo inadequado e correndo para completar tudo dentro do prazo, inevitavelmente, será necessário ter mais pessoas envolvidas no trabalho ou contratar freelancers para finalizar tudo. Não surpreende que ter mais pessoas trabalhando signifique ter mais custos.

PREÇO FIXO VERSUS ESCOPO ÁGIL

Há duas formas principais para precificar um projeto de criação: ou o cliente compra entregáveis ou compra tempo. Cada um desses métodos tem pontos positivos e negativos.

O escopo baseado em um preço fixo com entregáveis provavelmente é a forma mais comum de precificar um projeto de criação. O escopo com preço fixo é simples: "Você me paga X e recebe Y". Aparentemente, há claros benefícios quanto ao preço fixo. O cliente sabe exatamente o que está recebendo, e o criativo ou a agência tem uma quantidade fixa de renda garantida para determinado trabalho. No entanto, debaixo dos panos, o modelo do preço fixo tem um grande problema: inflexibilidade. Preço fixo é preço fixo. Isso dificulta qualquer mudança de escopo que possa ocorrer de forma espontânea ao longo de um projeto. Isso requer voltar ao escopo, fazer ajustes e passar por todo o processo de aprovação de novo.

O preço fixo e os devidos entregáveis são decididos quando há a menor quantidade de informação disponível – ou seja, antes mesmo de um projeto começar. Isso, em geral, não é uma questão para um projeto como o design de uma marca ou uma campanha com um número fixo de entregáveis. No entanto, quando se trata de um produto digital ou qualquer coisa tecnológica – algo que esteja propenso a mudanças constantes –, um escopo fixo pode se tornar um grande problema. Como se pode fazer uma estimativa realista sobre o tempo que determinado recurso vai levar para ser implementado antes de se acordar sobre a tecnologia usada? Estabelecer preços fixos para produtos digitais complexos é um problema desde o início e deve ser evitado a todo custo.

Uma segunda maneira de fazer o escopo de um projeto de criação é quando o cliente compra tempo. Há duas maneiras diferentes de formular isso, desde simplesmente contabilizar as horas até pagar adiantamentos fixos, em que o cliente paga por um número X de horas por mês. O problema com o pagamento baseado em horas é a falta de clareza – o cliente não sabe ao certo o que irá receber, e o criativo ou a agência não sabe exatamente a quantidade esperada ou garantida de trabalho, então é mais difícil planejar. No entanto, a vantagem fica clara para os dois lados – pagar por horas significa que mudanças podem ser incorporadas com facilidade sem ter que ajustar documentos longos e em geral com um escopo complexo.

A ABORDAGEM ÁGIL AO ESCOPO

Um modelo híbrido entre as abordagens com preço fixo e com base no tempo é o escopo ágil. O cliente ainda tem a segurança de trabalhar com um preço fixo, mas, em vez de comprar um conjunto fixo de entregáveis, o cliente trabalha junto com a equipe de criação para definir um esboço geral do que o projeto deve atingir dentro do "tempo comprado". Isso é especialmente apropriado para produtos digitais, em que determinar uma lista exata de entregáveis pode ser arriscado.

Um modelo ágil de precificação dá ao cliente a flexibilidade de troca de itens em qualquer estágio no projeto sem custo adicional (desde que ainda esteja dentro do orçamento). Além disso, essa abordagem abarca a mudança incorporando o aprendizado ao longo do projeto e permitindo que a equipe ajuste o tempo de forma adequada.

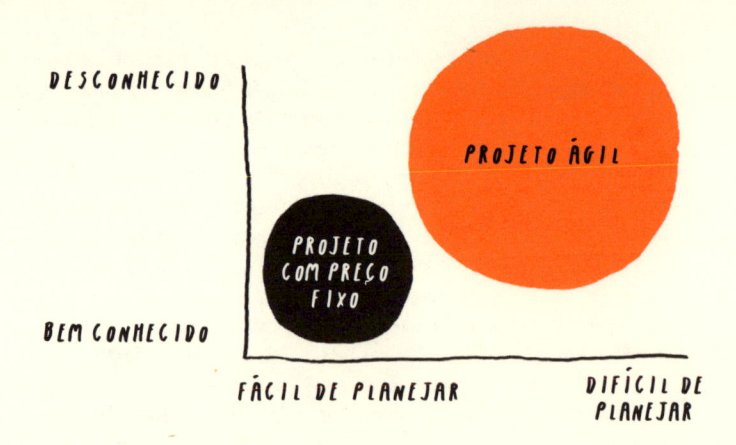

Digamos, por exemplo, que você esteja trabalhando em um aplicativo de reservas para uma agência de viagens. Na metade do projeto, após o primeiro lançamento beta, surge uma rodada de *feedback* de usuários. Esses *insights* indicam que os usuários querem ver mais imagens reais de hotéis, talvez até integrando o conteúdo do Instagram no aplicativo. Por outro lado, parece que praticamente ninguém se ocupou com a funcionalidade da mensagem. Em um projeto ágil, é fácil verificar esses achados e dar prioridade ao trabalho de forma adequada, focando na integração do Instagram e recuando em relação a qualquer desenvolvimento sobre o sistema de mensagem sem ter que escrever uma nova proposta.

Essa abordagem requer muita confiança, então funciona melhor com um cliente com o qual se tem uma boa relação. Caso queira convencer o cliente a comprar a ideia do escopo ágil, esta é de longe a melhor abordagem para a precificação e a produção de um projeto digital a longo prazo de sucesso.

COMO FAZER O ESCOPO DE UM PROJETO COM PREÇO FIXO

Embora uma abordagem ágil para o escopo de um projeto possa ser o seu método preferido, a grande maioria das propostas no setor de criação ainda tem preço fixo. Em muitos casos, o cliente insistirá nisso. Se tiver de usar a abordagem do preço fixo, dedicar-se ao preparo de um escopo bem pensado poupará tempo, dinheiro e muito estresse a longo prazo.

ENVOLVA TODOS OS REPRESENTANTES

Pode parecer óbvio, mas garanta o envolvimento dos representantes de todas as áreas que trabalharão no projeto. De acordo com a minha experiência, as omissões mais gritantes – e impressionantes – nos processos de escopo têm a ver com as equipes de tecnologia; em geral, a parte mais significativa de um projeto. Dedique o seu tempo para envolver todas as partes, de revisores a desenvolvedores, para obter contribuições sobre o escopo do projeto.

OBTENHA CONTRIBUIÇÃO DE PESSOAS QUE DE FATO FAZEM O TRABALHO
Tão importante quanto ter a colaboração de todas as partes é pedir a opinião da equipe que de fato trabalhará no projeto, e não dos representantes seniores de cada departamento. Vale ressaltar aqui que, quanto mais iniciante é o indivíduo, mais ele acha que precisa de tempo, então a opinião desse grupo deve ser ponderada de forma adequada.

PLANEJE-SE PARA O PIOR CENÁRIO
A Lei de Murphy diz que "se algo pode dar errado, dará". Em um projeto de criação, isso quer dizer que "se algo pode dar errado, dará, e então o cliente mudará tudo de qualquer maneira". Inclua um mínimo de 10% de tempo de reserva em todos os projetos para que seja possível agir em caso de acontecimentos inesperados.

SEJA PENOSAMENTE ESPECÍFICO
Caso esteja trabalhando com um escopo de preço fixo e com entregáveis fixos, não há nada como granular bastante a informação quando se faz o escopo de um projeto. O documento deve afirmar exatamente o que está ou não incluído, a quantidade de rodadas de *feedback*, quando e em que formato.

CERTIFIQUE-SE DE ESPECIFICAR O QUE NÃO ESTÁ INCLUÍDO
Tipicamente, itens como imagens gratuitas, licenças de fontes, contratação de fotógrafos ou de ilustrações e custos com viagem não estão incluídos no preço. Quando for elaborar o escopo, certifique-se de especificar qualquer custo de terceiros ou custo adicional que não estiver incluído no preço.

COMO ELABORAR UM ESCOPO COM PREÇO FIXO

Um escopo com preço fixo e bem escrito em geral é um documento longo, e por uma boa razão. Um escopo de preço fixo contém os seguintes elementos:

1. DESCRIÇÃO DE CADA FASE DO TRABALHO
Além de listar cada fase, certifique-se de delinear qual é o propósito. Por exemplo, para a "fase do conceito do logotipo", a descrição deve ser: "Definir a gama de conceitos dos quais o cliente vai selecionar um".

2. ENTREGÁVEIS

Quando for oferecer entregáveis, seja bem específico. Por exemplo:

→ Criaremos três direcionamentos dos logotipos que serão apresentados presencialmente no escritório do cliente.

→ Para a apresentação do conceito, cada direcionamento será simulado em três aplicações que servem como amostra: tela de carregamento de um aplicativo, cartão profissional e cabeçalho.

→ Após a apresentação, o cliente escolherá um direcionamento. Se um desses logotipos não for considerado adequado, a agência poderá providenciar direcionamentos adicionais com base nos materiais e tempo acordados.

→ O cliente fornecerá uma rodada de *feedback* com relação ao conceito de logotipo. Quaisquer rodadas adicionais de *feedback* podem ser oferecidas com base nos materiais e tempo acordados.

→ Todo o *feedback* será fornecido por escrito. Além disso, um representante do cliente deve estar disponível para atender a um telefonema para esclarecer quaisquer questões de *feedback* que possam surgir.

→ A aprovação sobre o conceito final será fornecida por escrito.

3. CUSTOS

Para se ter transparência total, divida os custos por hora (ou dias, dependendo do que o seu cliente preferir) e inclua uma divisão das diferentes funções desempenhadas em cada fase.

4. CRONOGRAMA

Cada proposta de escopo precisa incluir um cronograma de entregáveis e, o mais importante, quando um *feedback* deve ser fornecido. Além disso, certifique-se de incluir uma declaração afirmando que o *feedback* tardio causará uma reação em cadeia em prazos posteriores.

CALCULADORA DO ESCOPO FIXO

TAXA DIÁRIA
O fator basal.

DIAS VENDIDOS
Uma estimativa justa com base em uma discussão com todas as competências diferentes que estarão envolvidas no projeto.

CLIENTE DIFÍCIL (+5%)
A expectativa é de rodadas sem fim de feedbacks? Acrescente esse fator.

TRABALHO APRESSADO (+5%)
Ninguém deveria trabalhar nos fins de semana. Cobre por essa droga.

ENTREGÁVEIS NÃO CLAROS (+10%)
Melhor ainda, esclareça os detalhes e economize dinheiro e tempo.

INCERTEZAS TÉCNICAS (+10%)
A tecnologia desconhecida é um buraco negro e precisa ser contabilizada. Idealmente, é melhor usar um cálculo com base no tempo.

TOTAL:

BRIEFING

Eu trabalhava com um diretor de criação, o qual chamarei aqui de Andrew Ruculario – que baseava sua vida no mantra "Sem *briefing*? Sem trabalho". Ele era extremamente dogmático com relação a isso. Quer fazer o design para uma nova tela de carregamento de um aplicativo? Faça um *briefing*. Quer modificar a fonte de um pôster? Faça um *briefing*. Quer clarear a cor de um botão? Faça a droga de um *briefing*. Ele acreditava tanto nesse mantra que eu não me surpreenderia se ele fizesse uma tatuagem nos glúteos usando essa frase. O slogan de Andrew era lendário na agência e, para a satisfação de todo o pessoal do departamento de criação, deixava a equipe de gestão de contas doida.

Embora essa abordagem dogmática possa parecer um pouco extrema, não posso deixar de enfatizar a importância de *briefings* adequados em qualquer projeto. É muito comum que a equipe de criação se apresse para produzir um trabalho sem fazer um *briefing* adequado. Trabalhar sem um *briefing*, ou com um de baixa qualidade, não é uma forma eficiente e demanda tempo. Desde o início, o trabalho fica fadado a dar errado.

Seja um freelancer trabalhando por conta própria ou um designer júnior em uma agência, um designer de produtos contratado ou até um soberano da criação, não há projeto que não irá se beneficiar de 30 minutos gastos com a elaboração de um *briefing* adequado. Mesmo que seja pequena, ou ainda que seja só para você, toda tarefa de criação precisa de um objetivo claro e de uma lista de entregáveis definida antes de iniciar o trabalho. Sem *briefing*? Sem trabalho.

BRIEFINGS RUINS SÃO PARA BABACAS

Um *briefing* pode literalmente realçar ou detonar um projeto de criação. Faça isso bem-feito e você poderá trabalhar de forma eficiente, produzirá um trabalho de acordo com a estratégia estabelecida, que atenda às expectativas do cliente e, o mais importante, as pessoas poderão ir para casa no horário. Não faça o *briefing* de forma correta e verá um trabalho de criação com uma qualidade ruim, passará muito mais tempo trabalhando e terá um cliente decepcionado. Apesar disso tudo, os *briefings* ruins ainda são surpreendentemente comuns nos setores criativos. Dado o ritmo acelerado e os prazos apertados com os quais convivemos, às vezes uma tarefa parece muito pequena e o prazo muito curto para se "perder tempo" em um *briefing* de criação. Você sempre vai acabar pagando caro por isso.

Vejamos um exemplo. Há alguns anos, trabalhei com um prestador de serviços de conteúdo para um grande cliente corporativo. "Prestador de serviços de conteúdo" é uma forma chique de dizer que uma vez por semana escolhíamos uma imagem que seria mostrada em um artigo novo que seria publicado no blog da empresa. Dada a natureza aparentemente "simples" dessa tarefa, não havia liderança sênior no projeto, e nenhum *briefing* foi fornecido de fato. Em vez disso, um designer sortudo receberia a incumbência de criar a imagem da semana, e em geral passava dias explorando o Getty Images em busca de algo que combinasse com um tema abstrato como "a diferença entre os lucros dos títulos municipais e os títulos do tesouro" (sim, isso existe). Foi uma zona. Como nunca houve o *briefing* das tarefas, o designer passava metade do tempo tentando descobrir que raio de conceito era aquele e, no período que sobrava, tentava desesperadamente encontrar algo até a meia-noite em algum site tipo Getty Images que combinasse com o conceito. Semana sim, semana não, o prestador de serviço consumia tanto dinheiro do orçamento que a gente acabava pagando para trabalhar no projeto.

UM BRIEFING PODE LITERALMENTE REALÇAR OU DETONAR UM PROJETO DE CRIAÇÃO.

A situação acabou chegando a um ponto em que ficou claro que o processo precisava mudar ou teríamos que parar o projeto. O diretor criativo mencionado anteriormente, um cara muito experiente, viu o caos e, depois de repreender com firmeza a equipe de gestão de contas, mergulhou no projeto.

FAZER OU NÃO UM BRIEFING – EIS A QUESTÃO...

BRIEFING ADEQUADO

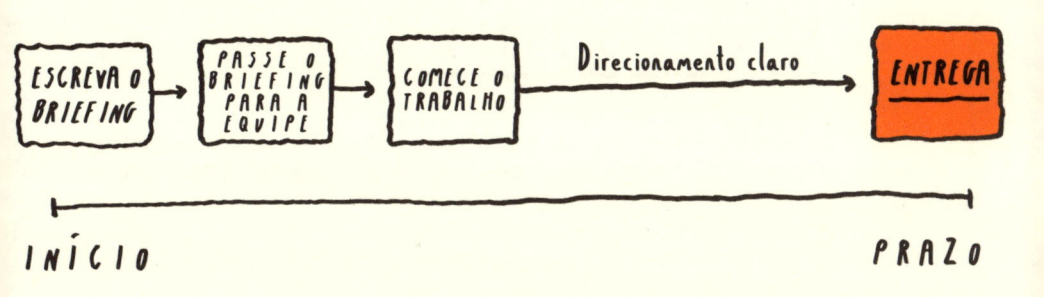

SEM BRIEFING

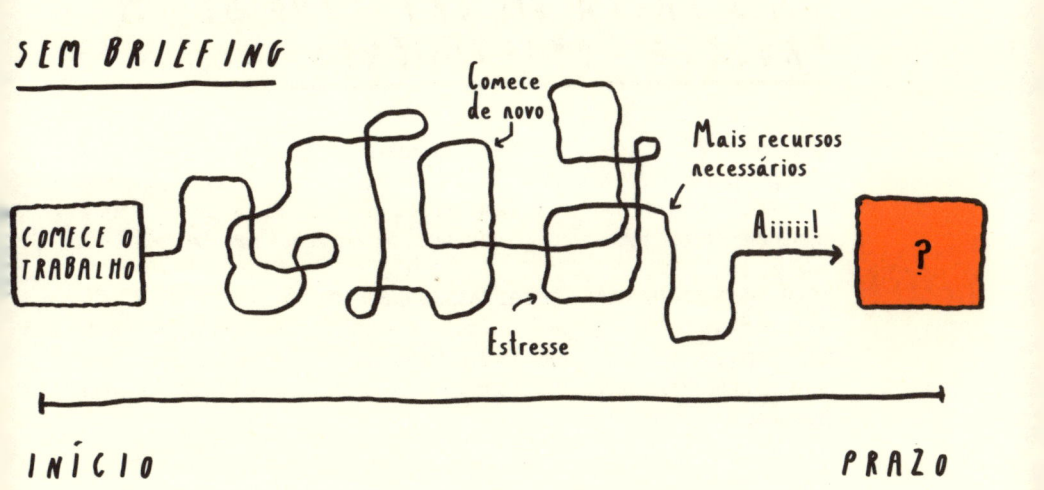

Não haveria mais necessidade de passar dias sem propósito buscando imagens na Getty Images. Em vez disso, cada tarefa de seleção de imagem começaria com um *briefing* adequado para compreender completamente e identificar os temas do respectivo tópico. Em seguida, haveria uma sessão curta de *brainstorming* para definir os três conceitos que o designer estava buscando. A realização da reunião de *briefing* apenas ocupou uma hora do início da semana, enquanto economizou dias na busca de imagens. Não só isso, mas a diferença na qualidade do resultado foi como a diferença entre dia e noite. Trabalhei em algumas dessas imagens e ainda tenho orgulho dos resultados – graças aos bons *briefings* iniciais.

BRIEFINGS RUINS

Os *briefings* criativos costumam ser dados verbalmente ou não são simples o suficiente. Um *briefing* ruim em geral sofre de um dos problemas comuns a seguir:

→ O *briefing* não está por escrito ou não existe.
→ Não há reuniões presenciais para fazer o *briefing*, que seriam uma oportunidade para os criativos fazerem perguntas.
→ O documento do *briefing* é muito longo.
→ Expectativas concretas e entregáveis – e o responsável por eles – não estão claros.
→ Os prazos não estão claros.

COMO FAZER UM BRIEFING DE UM PROJETO CORRETAMENTE

Há dois componentes-chave para se ter um bom *briefing* do projeto: um início de trabalho com encontro presencial, em que as perguntas podem ser respondidas, e um *briefing* escrito, para acompanhamento, que pode ser usado como uma referência constante para a equipe de criação, à medida que trabalha no projeto.

DÊ UM PASSO PARA TRÁS E ESCREVA UM *BRIEFING*

Não importa o tamanho do projeto, o quanto esteja com pressa ou o quão apertado é o prazo, você sempre economizará tempo se estiver preparado. Você pode levar algumas horas para preparar o *briefing* e executá-lo, mas a falta dele pode lhe custar dias ou semanas.

BRIEFING BOM	BRIEFING RUIM

POR ESCRITO

FAÇA O DESIGN DE UM APLICATIVO!

APENAS VERBAL

ITENS CLAROS

LISTA INFINDÁVEL DE ITENS

PRAZOS CLAROS

SEM PRAZO

MESMO QUE TENHA UM *BRIEFING* DO CLIENTE, REESCREVA-O

Mesmo que tenha um *briefing* do cliente, na maioria dos casos, faz sentido reescrevê-lo. Isso se chama *rebriefing* e é mais do que um exercício de formatação. Trata-se de estruturar e priorizar as necessidades de uma forma que consiga aproveitar o melhor da sua equipe criativa.

FAÇA TAMBÉM UM *BRIEFING* PESSOALMENTE

Além do *briefing* por escrito, é sempre importante fazer um *briefing* pessoalmente (ou por telefone). Não há como substituir uma sessão em que o cliente ou a equipe de gestão de contas possa transmitir os objetivos que a equipe de criação deve alcançar, bem como esclarecer quaisquer perguntas dos criativos que trabalham em um projeto.

INCENTIVE PERGUNTAS

Pessoas criativas ficam visivelmente quietas quando se trata de perguntas. Provoque-os até que eles façam as perguntas que lhes vêm à cabeça.

COMO ESCREVER UM ÓTIMO DOCUMENTO DE BRIEFING

Escrever um ótimo *briefing* está longe de ser um bicho de sete cabeças. Na verdade, o *briefing* segue uma fórmula infalível que pode ser reutilizada em praticamente todo projeto. O documento é curto e claro, utiliza uma lista de marcadores em vez de parágrafos e não tem mais de duas páginas – a equipe de criação ficará entediada se for maior. Há diferentes maneiras de se formular um *briefing*, mas em geral eles seguem a seguinte estrutura.

BACKGROUND

O *background* da tarefa ajuda a compreender por que o cliente está realizando esse projeto. Talvez haja um novo competidor no mercado, o que significa que o cliente precisa fazer uma nova campanha. Ou talvez uma recente rodada de *feedback* dos usuários tenha indicado que a tela inicial do aplicativo precise ser repensada. Em geral, não passa de um parágrafo ou dois e, na maioria das vezes, é a parte mais verborrágica (e, portanto, é mais provável que seja ignorada pelos designers).

TAREFA

O que exatamente temos de fazer? Não se deve gastar mais de uma linha para escrever isso; os entregáveis detalhados serão listados depois.

ANATOMIA DE UM BRIEFING BOM

BRIEFING

BACKGROUND — Contexto da tarefa

— Descrição do projeto em uma linha

TAREFA

OBJETIVOS — Quais são os objetivos de negócios que precisam ser atendidos?

ENTREGÁVEIS — Uma lista de entregáveis concretos

PRAZOS — Prazos internos e externos

RECURSOS — Links para acessar arquivos, documentos etc.

OBJETIVOS

Se há objetivos concretos de negócios ou objetivos voltados para o usuário que precisam ser resolvidos, eles devem ser listados aqui. Queremos aumentar as vendas? Ou facilitar para que os usuários acessem as respectivas contas? Esses pontos devem ser específicos e quantificáveis.

A ESTRATÉGIA

Trata-se de um item obrigatório em campanhas de propaganda ou projetos de marcas, pois esboça a comunicação central ou a mensagem da marca que precisamos passar, o que se conhece como "a grande ideia". Por exemplo, poderia ser: "Fofíssimo é o mais macio do mercado" para uma campanha de uma nova marca de papel higiênico que tem um toque ultrassuave.

ENTREGÁVEIS

Eles devem ser esboçados com itens concisos que definam uma lista exata do que precisa ser produzido. Sem firulas. Esta precisa ser a parte mais afiada do *briefing*. Por exemplo, quantas versões do conceito exatamente necessitam ser apresentadas? Qual é o tamanho exigido das propagandas?

PRAZOS

O *briefing* deve detalhar não só o prazo final, mas todas as etapas ao longo do processo – revisões internas, primeira apresentação ao cliente, apresentação final dos designs revisados e prazo final para a produção.

RECURSOS

Liste qualquer recurso adicional. Seja específico em relação ao propósito de incluir cada um desses recursos no *briefing* e deixe tudo claro sobre o que é leitura necessária e o que é leitura opcional. Não há nada pior do que receber uma lista do tamanho de cinco enciclopédias em um *briefing* e não saber o que fazer com isso. Ademais, se houver qualquer exemplo que possa ilustrar o seu ponto de vista, inclua-o. Novamente, seja claro com relação ao motivo pelo qual esses exemplos estão incluídos. Caso insira o design de um aplicativo que tenha resolvido um desafio semelhante de uma nova maneira, certifique-se de enfatizar qual é essa característica. Por exemplo, "verifique o aplicativo do Instagram para saber como você pode mudar para diferentes perfis dentro do mesmo aplicativo".

BRIEFINGS VISUAIS

Dada a natureza visual do trabalho criativo, às vezes um *briefing* por escrito não é o suficiente. Um cliente não visual raramente será capaz de articular qual deveria ser a aparência do projeto e que sentimento ele deveria transmitir. Isso geralmente significa produzir muitos direcionamentos de conceitos na esperança de que um deles agradará o cliente. No entanto, há uma outra forma de fazer com que o cliente mais não visual possível consiga passar um *briefing* que reduza de forma considerável a quantidade de adivinhação. Assim, é possível produzir um trabalho com mais chances de acertar em cheio desde o início. Esta técnica é o "exercício de vocabulário visual".

O exercício de vocabulário visual é uma sessão prática que ajuda a determinar o direcionamento para a linguagem visual. Ele se concentra ao redor de uma "parede visual" em larga escala de material de referência que tenha sido preparado de antemão. O cliente (ou grupo de clientes) remove, troca e anota itens na parede e depois explica por que deixaram determinados itens lá (p. ex., "Esta fonte nos agrada porque é moderna"). O objetivo do exercício é proporcionar ao cliente uma forma de compartilhar a maneira que ele de fato sente como a marca ou o produto deve parecer, mesmo que não tenha o vocabulário verbal para expressar isso. Por exemplo, nem todos os clientes têm o conhecimento em design para dizer "a nossa marca deve usar fonte com serifas de modo que expresse uma postura mais institucional".

O exercício requer um pouco de preparação antes, mas o esforço é bem menor do que perder tempo durante semanas em dezenas de direcionamentos de criação dos quais o cliente pode ou não gostar. O que é importante ressaltar é que o vocabulário visual não é um *moodboard* ou painel de referências visuais. Trata-se de uma matriz altamente focada para se conseguir perceber como o cliente vê a própria marca ou produto posicionado em uma paisagem visual de possibilidades infinitas. Combinado a um início presencial e a um ótimo documento por escrito, trata-se do *briefing* mais direto e útil que poderá ser oferecido à equipe de criação.

DADA A NATUREZA VISUAL DO TRABALHO CRIATIVO, ÀS VEZES UM BRIEFING POR ESCRITO NÃO É O SUFICIENTE.

O EXERCÍCIO DE VOCABULÁRIO VISUAL

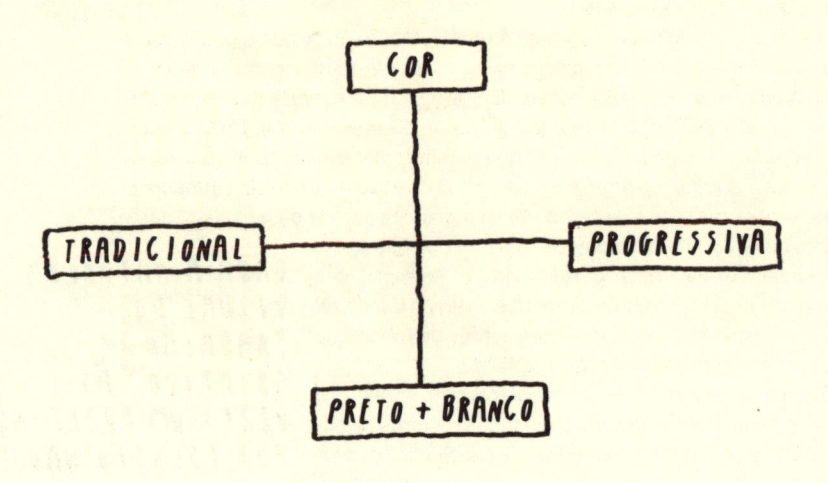

1. DEFINA O EIXO

3. OS CLIENTES REMOVEM OS ITENS QUE NÃO COMBINAM COM A MARCA

2. CONSTRUA UMA PAREDE VISUAL DO MATERIAL DE REFERÊNCIA

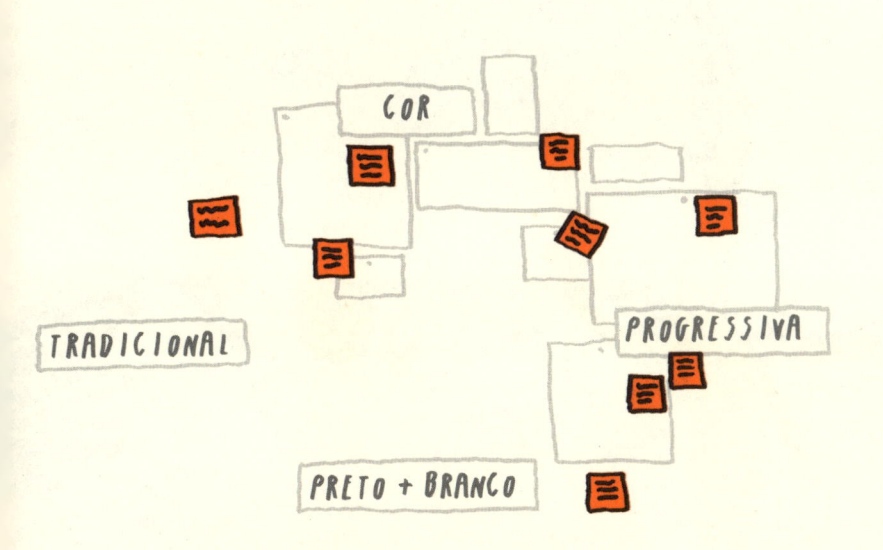

4. NOTAS DE DISCUSSÃO SÃO A BASE DE BRIEFS CRIATIVOS

FEEDBACK

Os setores de criação são repletos de histórias ricas de indivíduos famosos que, durante um projeto, aparecem e decidem simplesmente jogar fora semanas de trabalho e começar tudo de novo em nome da "grandiosidade". Isso, é claro, é parte de qualquer bom processo cujo objetivo é produzir um trabalho de qualidade. No entanto, de acordo com a minha experiência, a liderança de criação em geral tem dificuldade de dar *feedback* útil às equipes.

Um *feedback* claro e não ambíguo é fundamental para se produzir um grande trabalho. Isso não significa ser um grosso, mas sim honesto, claro e direto. Os diretores de criação em geral se esquecem de que o que parece óbvio e claro para eles pode não o ser para o designer júnior com muito menos experiência. Isso deixa o designer frustrado e faz com que o diretor de criação não entenda por que o outro não "compreendeu".

Nos meus primeiros anos como diretor de design, eu me encontrava com a equipe de design para dar a minha pequena contribuição sobre as soluções. Eu dava *feedbacks* do tipo "Precisa ser mais arrojado!" ou "Vamos tornar isso mais épico", o que, em retrospecto, é desconcertante. Não era claro, não era específico e era completamente inútil. Um bom líder agrada ao menor denominador comum - o júnior que tem menos conhecimento - quando o assunto é dar um *briefing* ou *feedback*. Se essa pessoa não compreende, o seu *feedback* não serve para nada. Quando a rodada seguinte de trabalho aparece com uma qualidade péssima, a culpa é sua, não deles.

COMO NÃO DAR FEEDBACK

Há um segundo grupo de líderes de criação, menos agradável, que também é notavelmente ruim quando o assunto é dar um *feedback*. São ninguém mais, ninguém menos que os nossos adoráveis amigos, os egomaníacos. O egomaníaco gosta de usar a oportunidade de dar *feedback* como um exercício de construção do ego. Ele gosta de ficar em pé na frente dos juniores tímidos e de parecer "inteligente". Os egomaníacos gostam de alegrar a plateia pronta com histórias sobre sabedoria dos "bons velhos tempos". Acima de tudo, eles se sentem como se tivessem cimentado a relevância deles em um mundo em que suas habilidades estão quase se tornando jurássicas. Não há nada mais ridículo (e, francamente, vergonhoso) do que um homem de cinquenta e cinco anos que nunca teve um smartphone ficar em pé na frente de uma sala pregando para um designer digital altamente gabaritado de vinte e seis anos sobre o que torna a experiência boa para um usuário de celular. Mesmo assim, isso ocorre todos os dias. Na verdade, se você trabalha em uma agência grande, provavelmente isso está acontecendo no edifício em que você está neste exato segundo.

> **UM FEEDBACK CLARO E NÃO AMBÍGUO É FUNDAMENTAL PARA SE PRODUZIR UM GRANDE TRABALHO. ISSO NÃO SIGNIFICA SER GROSSEIRO, MAS SIM HONESTO, CLARO E DIRETO.**

A maioria das agências tem pelo menos um diretor criativo egomaníaco que adora nada mais do que o som da própria voz. A mais memorável que já conheci foi uma diretora-executiva de criação - que chamaremos aqui de Gertrude Grossalente - em uma agência grande. Gertrude era muito maldosa.

Eu a conheci por meio de uma colaboração em um grande projeto entre a nossa agência e a dela. Gertrude era uma mulher que não sorria, que tinha conhecimento em propaganda e tinha uns trinta anos de carreira bem estranhos. A empresa dela tinha em torno de mil funcionários. Dada a forma como ela os tratava, fiquei surpreso de ela ter algum funcionário. Gertrude era tirana com todos, e esse comportamento ficou mais evidente quando ela dava *feedback*.

Gertrude gostava de ter um público quando fornecia *feedbacks*. Ela convidava todos os membros da equipe para uma reunião na maior sala de conferência disponível. O trabalho era projetado na tela, e todos se sentavam. Apenas quando todos estavam devidamente sentados, Gertrude entrava na sala lentamente e assumia a cadeira da frente. A equipe se sentava ao redor, tensa, enquanto ela olhava para o trabalho na tela. Os únicos sons que se ouviam eram o do projetor e o da respiração pesada dela. Após o que parecia ser uma eternidade, Gertrude limpava a garganta e, com uma voz rouca, não muito diferente daquela do Sauron, dizia: "Quem fez os botões verdes?". A sala inteira congelava em um silêncio aterrorizante. Eu nem trabalhava para essa mulher e quase me borrava todo.

Do canto da sala, um membro da equipe dela levantou a mão devagar, sabendo muito bem o que estava por vir. "Verde é a cor da marca do cliente, que

O TERRÍVEL LOOP DE FEEDBACK

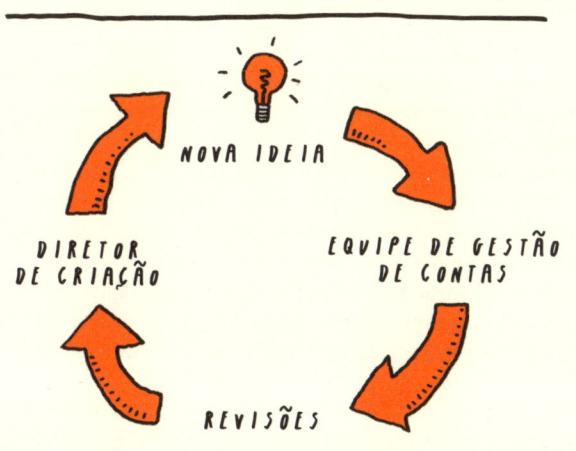

NOVA IDEIA

EQUIPE DE GESTÃO DE CONTAS

REVISÕES

DIRETOR DE CRIAÇÃO

(Repita esse processo até um minuto antes do prazo. Que divertido!)

insiste em manter a cor..." Ele começou a gaguejar antes de ser cortado por Gertrude. "Você é idiota? Verde é uma cor horrível. É cor de vômito. Você quer que o usuário vomite? Essa página parece ter sido vomitada por você, seu idiota!"

Gertrude se levantava de repente, ficava de frente para a equipe de design e começava uma de suas famosas ladainhas. "Você não sabe nada sobre criação? Você só se preocupa com coisas que funcionam! Você não se preocupa com a ideia. Quando criei a campanha da propaganda mais bem-sucedida de todos os tempos em 1986, fizemos coisas que foram inesquecíveis! INESQUECÍVEIS. Essa porcaria parece inesquecível para vocês?!" Ela apontou para a tela. Eu não gostava de falar isso naquela época, mas não era o objetivo da equipe fazer com que o "relatório de erro" na tela fosse inesquecível.

De longe, a nossa equipe na agência já estava blindada contra a ira de Gertrude. No entanto, em uma ocasião, perto do lançamento do projeto, recebi um e-mail dela com o *feedback* para a nossa equipe. O e-mail não tinha uma linguagem muito coerente. Parecia ter sido vomitado por uma criança de doze anos. Algumas expressões que Gertrude obviamente achava que eram relevantes vinham em caixa-alta para causar um impacto adicional. "VOCÊ É IDIOTA?" e "ISSO É VERGONHOSO!" eram dois dos meus favoritos. É claro que o *feedback* não continha itens práticos. Era inútil e uma ladainha total. A nossa equipe se juntava depois dessas sessões e tentava interpretar o objetivo por trás da falação. Afinal de contas, como se pode fazer o design de interface do usuário de um formulário de contato menos vergonhoso? Se não fosse a última semana antes do lançamento, eu teria dito a Gertrude exatamente o que ela deveria fazer com ele.

O que pessoas como Gertrude tendem a esquecer é que o verdadeiro propósito do *feedback* é ser uma via de mão dupla. Primeiramente, e o mais óbvio, é incentivar a inovação e obter o melhor resultado possível de uma equipe. No entanto, há um segundo fator de sucesso: o crescimento da equipe. O bom *feedback* é uma oportunidade de aprendizagem de modo que a equipe aprenda a maneira de fazer por conta própria da próxima vez. O egomaníaco, em geral, não dá importância a essa segunda parte.

Agora, sejamos claros: certamente, não estou sugerindo que dar *feedback* é um exercício para ficar de bem com a vida. Muito pelo contrário. Sem *feedback* honesto e direto, viveríamos em um mundo repleto de mediocridade, trabalho entediante e inovação zero. No entanto, independentemente de ser bom ou ruim, o aspecto mais importante é explicar por que determinado *feedback* foi passado. Caso contrário, como você espera que uma equipe cresça? O retorno negativo é uma grande oportunidade de aprendizagem, desde que seja oferecido de forma construtiva. Quando um egomaníaco entra e grita: "Comece de novo!", sem qualquer tipo de fundamentação além de "não é bom o suficiente", que tipo de experiência de aprendizado está sendo proporcionado para a equipe?

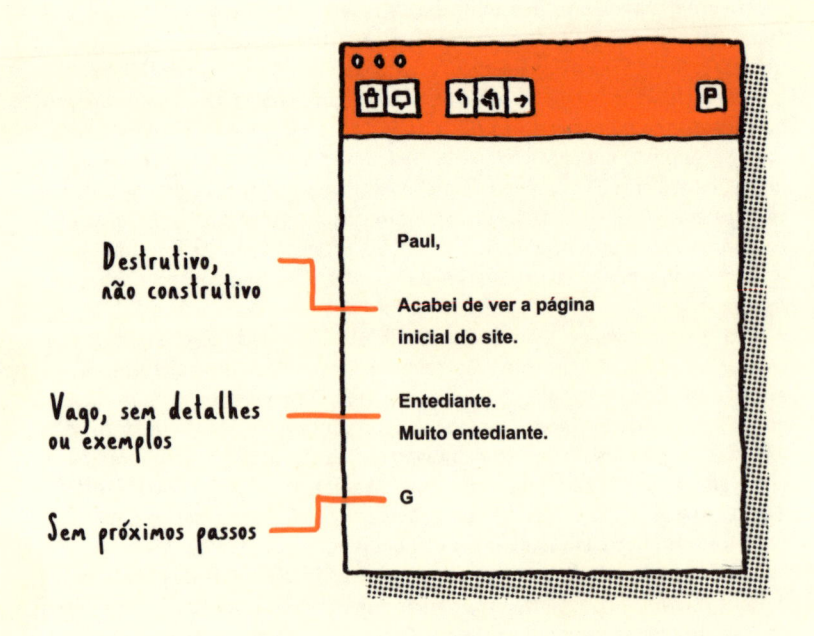

Destrutivo, não construtivo

Paul,

Acabei de ver a página inicial do site.

Vago, sem detalhes ou exemplos

Entediante.
Muito entediante.

Sem próximos passos

G

O QUE FAZER E O QUE NÃO FAZER AO DAR FEEDBACK

Aqui está como você pode dar até mesmo o *feedback* mais contundente sem ser um babaca (e fazer com que a sua equipe aprenda algo ao longo do caminho).

SEJA DIRETO E FRANCO

Não enfeite. Seja direto e franco todas as vezes. Um diretor de criação que enfeita os *feedbacks* quase sempre produzirá um trabalho medíocre. Seja educado e respeitoso, mas direto ao ponto e firme. Nunca se sinta culpado ou receoso de fazer as pessoas começarem de novo.

SEJA POSITIVO E CONSTRUTIVO

Os egomaníacos nunca querem ceder o poder ou o controle aos outros, e é por isso que são líderes tão ruins. A função de um bom líder de criação não é só produzir um ótimo trabalho, mas montar equipes que possam produzir um excelente trabalho sozinhas. Quando você dá um *feedback*, pergunte a si mesmo se a sua equipe aprenderá com essa experiência. Montar uma ótima equipe significa desenvolver as habilidades e adquirir a confiança dos indivíduos com um *feedback* construtivo. Os criativos funcionam melhor quando se sentem seguros para errar e experimentar sem medo da ira de um líder com excesso de poder.

SEJA CLARO E INEQUÍVOCO

É aqui que os líderes de criação, até mesmo aqueles com as melhores das intenções, erram. O seu *feedback* deve ser claro e, acima de tudo, prático. O bom *feedback* é concreto e não deixa espaço para ambiguidade. Em vez de uma declaração vaga como "A página inicial do site precisa ser mais épica", seja claro: "A falta de imagens e o fundo branco na página inicial do site tornam o design muito entediante e simples. Vamos tentar colocar um vídeo em looping no fundo, na área de herói no topo. Além disso, vamos tentar uma versão em que as cores do fundo são invertidas para causar mais impacto."

FORNEÇA EXEMPLOS

Feedback escrito ou verbal, não importa o quão explícito seja, nem sempre é o suficiente. Tente exemplificar o que você está querendo mostrar. No caso anterior sobre "página inicial entediante do site", é possível mostrar um ótimo exemplo de vídeo de fundo para ilustrar a aparência exata que você deseja.

QUAL É A QUALIDADE DO MEU FEEDBACK?

INCENTIVE PERGUNTAS

É muito comum que os criativos, em especial os juniores, tenham medo de fazer perguntas porque não querem parecer idiotas. O líder de criação que faz a equipe se sentir boba ao fazer perguntas é o verdadeiro idiota na sala. Certifique-se de que a sua equipe se sinta segura ao incluir uma etapa dedicada a perguntas em cada sessão de *feedback* e não a encerre até que cada criativo na sala tenha feito pelo menos uma pergunta.

O QUE FAZER E O QUE NÃO FAZER AO RECEBER FEEDBACK

Assim como um diretor de criação ou de design tem a responsabilidade de fornecer um *feedback* claro e construtivo, os criativos precisam interpretá-lo corretamente para produzir um ótimo trabalho. Para os criativos que estiverem lendo agora, veja como fazer a sua parte.

LEIA O *BRIEFING*

Isso pode parecer a coisa mais óbvia do mundo, mas sempre me surpreende. Você não está mais na faculdade – compreender profundamente a tarefa não é uma atividade opcional. Leia a droga do *briefing*, por favor.

AGORA LEIA O *BRIEFING* DE NOVO

Sim, você ouviu direito. Talvez tenha esquecido de algo, muito provavelmente na seção de Entregáveis. Leia-o de novo.

FAÇA PERGUNTAS

Por alguma razão, muitos criativos parecem pensar que fazer perguntas os faz parecer idiotas. Eles permanecem em silêncio nas sessões de *briefing* e apenas perguntam aos colegas muito tempo depois o que algo significava. Lembre-se disto: Não há perguntas idiotas, apenas pessoas idiotas que não fazem perguntas. Se não sabe algo, então pergunte.

FERRAMENTAS SECRETAS PARA RECEBER FEEDBACK

FAÇA ANOTAÇÕES

Isso é o que mais odeio e é extremamente comum entre os criativos juniores e estagiários. Não somos super-heróis com uma memória fotográfica: Faça anotações. No papel, à caneta.

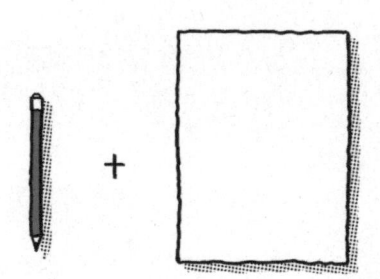

APRESENTAÇÕES

Há um momento de todo projeto de criação em que o trabalho deixa a segurança do MacBook do criador e é posto na frente do cliente ("cliente" também está relacionado a *stakeholders* [partes interessadas] internos se você estiver trabalhando em uma empresa) para ser avaliado. Embora a apresentação de um trabalho seja fácil para poucos, para a maioria dos criativos – em especial os juniores – a ideia de ficar em pé diante de uma sala cheia de pessoas e falar por 30 minutos seguidos nos enche de medo. As palmas das mãos ficam suadas e a garganta fica seca de repente. O desejo é que o chão se abra e a gente seja engolido rumo ao abismo.

Deixe-me explicar um fato pouco conhecido sobre as apresentações de criação: não importa se o gestor ou o diretor de criação fala bem, ninguém irá apresentar tão bem quanto a pessoa que de fato fez o trabalho. Uma grande apresentação não é um trabalho de vendas; tem a ver com guiar um cliente pelo processo de pensamento e lógica por trás de uma solução criativa. Não importa se você não tem uma presença de palco como Steve Jobs e se atrapalha com as palavras. O fato é que a pessoa que sabe do que realmente está falando sempre vai dar a impressão de que sabe do que está falando, independentemente de como passa a mensagem. Nenhum balanço de vendas vai compensar o conhecimento de fato. No entanto, assim como em tudo, há uma maneira certa e outra errada de apresentar o trabalho criativo.

A ABORDAGEM DA "GRANDE REVELAÇÃO" PARA APRESENTAÇÕES

Tradicionalmente, as apresentações de criação eram preparadas como se fossem um espetáculo de mágicas no estilo de Las Vegas. O fantoche principal – em geral o diretor de criação – liderava um grupo de clientes com os olhos bem abertos por meio de uma "grande revelação" dramática de trabalho criativo. Após dezenas de apresentações de slides "inspiradoras" e de um monólogo inevitável do diretor de criação, o grande momento era quando o trabalho era revelado. Nenhuma despesa era poupada nessas apresentações. Todo truque possível – gráficos em movimento, vídeos emotivos, música de fundo épica, gatos dançantes em roupas de malhar – seria empregado para vender o trabalho de criação. Essas ocasiões eram quase um show e provavelmente o auge do ano do egomaníaco.

Um dos *showmen* mais famosos que já vi foi um infame diretor de criação, que agora está aposentado. Vamos chamá-lo de Arthur Albatroz. Um verdadeiro exemplo de homem nos anos 1950, Arthur levou o ritual de "grande revelação" bem a sério, empregando o máximo de espetacularidade para impressionar o cliente. O truque dele era usar uma mala de aço antiga gigante, não diferente daquela que um mágico teria. A mala era tão grande que ele poderia guardar pelo menos dois corpos lá dentro. Para todas as apresentações, fossem elas longas ou curtas, Arthur levava essa monstruosidade para o escritório do cliente. Do outro lado do prédio, era possível ouvir o barulho das rodinhas pelo saguão. No momento certo, Arthur levava a mala até a frente da sala de apresentação. Pausa para provocar um efeito dramático. Arthur então respirava fundo e, em um movimento ligeiro e com uma força surpreendente, içava a mala sobre a mesa, causando um impacto estrondoso. O movimento violento quebraria vidros e faria canetas rolarem ao som de suspiros de qualquer cliente que não conhecesse o espetáculo. Um silêncio ensurdecedor reinava por pelo menos cinco segundos.

TRADICIONALMENTE, AS APRESENTAÇÕES DE CRIAÇÃO ERAM PREPARADAS COMO SE FOSSEM UM ESPETÁCULO DE MÁGICAS NO ESTILO DE LAS VEGAS.

Em seguida, em uma voz dramática e profunda (não muito diferente da de Morgan Freeman), Arthur começava o monólogo. Com os olhares do público grudados na mala de aço fechada, ele explicava devagar a Grande Ideia, prologando-se em cada detalhe. Após uma última pausa dramática, ele abria a mala com um rangido baixo. Entre duas lâminas de vidro, como um artefato egípcio antigo, estava uma impressão novinha em folha do conceito da propaganda que ele estava vendendo naquele dia. Os clientes ficavam doidos. Na verdade, mesmo que as lâminas de vidro revelassem um cocô de cachorro, as pessoas iriam aplaudir.

É claro que, para chegar a esse momento dramático, havia a pequena tarefa de produzir o trabalho em si. Nas agências tradicionais, isso em geral era feito por um grupo de criativos muito mais novatos que permaneciam escondidos atrás da cortina e que nunca interagiam com o cliente. Na verdade, é comum que o diretor de criação não esteja envolvido, com exceção da apresentação final. Meses ou anos antes da Grande Revelação, o cliente pagaria pelo trabalho, e um *briefing* seria escrito. De forma semelhante aos monges medievais reclusos, a equipe de criação então ficaria enclausurada em uma caverna escura para começar o maravilhoso trabalho conceitual de arte. Após semanas, ou até meses, eles surgiriam das tumbas como um Jesus dos dias atuais, carregando a próxima Grande Ideia que transformaria o negócio do cliente.

Agora, embora não haja dúvida de que a abordagem da "grande revelação" certamente é um entretenimento e alegra a tarde de qualquer um, era um tiro no escuro em termos de oferta de um ótimo trabalho. Como os criativos não são um Messias dos dias modernos e carecem de poderes de leitura da mente, a abordagem da "grande revelação" tem cerca de 50% de chance de produzir uma solução criativa de que o cliente não gosta ou não precisa. Por mais que seja divertido trabalhar em uma caixa preta por semanas, a exclusão do cliente – a pessoa que sabe o que é melhor para seu negócio – não é a forma mais inteligente de criar uma ideia que resolva o problema.

REVISAR O TRABALHO É MAIS DO QUE SIMPLESMENTE FAZER A APRESENTAÇÃO FINAL

O verdadeiro segredo para aprovar um trabalho criativo é evitar surpresas e envolver o cliente ao longo do processo, e não só na apresentação do último dia do projeto. Ninguém gosta de surpresas, nem mesmo as boas. É muito mais provável que um cliente compre uma ideia se ele sentir que está envolvido em sua criação ao longo do percurso.

Evite jogos de adivinhação e o acaso ao conduzir revisões regulares e ser transparente sobre o rumo que o projeto está tomando. Siga o exemplo das firmas de desenvolvimento de software e faça uma reunião "de 15 minutos em pé" todas as manhãs para falar brevemente sobre o que você fez no dia anterior e o que fará hoje. O mais importante de tudo, convide o cliente para essa reunião de modo que ele se sinta parte do projeto. Além desses encontros diários, certifique-se de apresentar o trabalho em andamento em revisões que são marcadas com, no máximo, duas semanas de intervalo entre uma e outra. Em quase todo projeto na Edenspiekermann, usávamos uma abordagem "amontoada" em que o trabalho era revisado junto ao cliente a cada duas semanas. Quando você adota essa abordagem colaborativa, não há surpresas e você (quase) sempre acerta.

O QUE FAZER E O QUE NÃO FAZER NAS APRESENTAÇÕES

CERTO

ERRADO

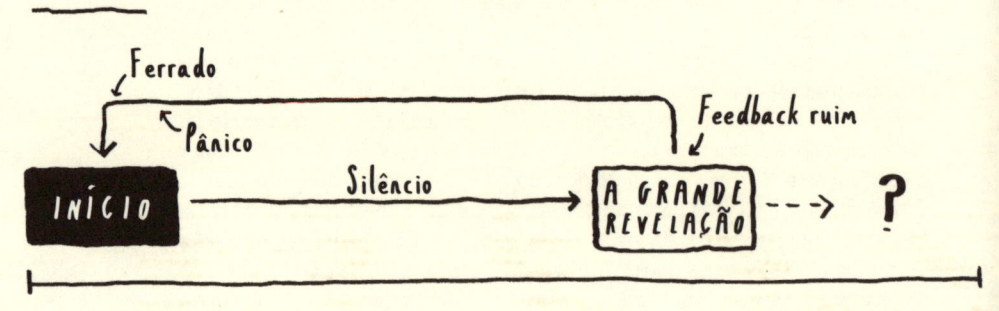

O BÁSICO DAS APRESENTAÇÕES PARA QUEM NÃO É BABACA

Mesmo no processo ideal em que os responsáveis pela tomada de decisão estão bem envolvidos no fluxo de trabalho do projeto, ainda há momentos em que é necessário apresentar o trabalho formalmente. Seja apresentando o trabalho internamente à sua equipe, ao seu chefe ou ao cliente, aqui estão alguns fundamentos para uma apresentação criativa bem-sucedida.

APRESENTE PESSOALMENTE SEMPRE QUE POSSÍVEL

O trabalho criativo sempre deve ser apresentado presencialmente ou, pelo menos, em uma conversa telefônica. Nada substitui percorrer o trabalho junto ao cliente, fornecer contexto e *insights* sobre por que determinadas decisões foram tomadas. Enviar uma apresentação para o abismo via e-mail e sem um passo a passo adequado é uma receita para o desastre.

ESTABELEÇA PRIORIDADES ANTES DA APRESENTAÇÃO

Antes do início de cada apresentação, certifique-se de estabelecer expectativas para o que o cliente verá. Não há nada pior do que o cliente interromper uma apresentação de criação, por exemplo, nas primeiras ilustrações com "Hum, onde estão as animações finalizadas que foram prometidas para hoje?". Estabelecer expectativas de forma clara a cada apresentação vai fazer com que tudo evolua de forma mais tranquila.

NÃO TENHA MEDO DE MOSTRAR MENOS

Corte o que for inútil. Não importa se a apresentação é pequena, o que é relevante é que você acredita no que está sendo apresentado. Se não tiver certeza, deixe de fora.

TENHA CONVICÇÃO DE TUDO QUE FOR APRESENTAR

Quando tiver decidido o que vai aparecer na sua apresentação de slides, é preciso ter convicção do que você quer mostrar de modo a vender para o cliente. É uma única imagem do cocô? Não importa. Se aparecer na apresentação, é a melhor imagem de um cocô da história, e o seu cliente precisa disso. Eu me lembro de um projeto de *branding* em nossa agência em que uma série de problemas internos levou à produção de um trabalho horroroso. Isso me chamou a atenção literalmente dez minutos antes da apresentação. Deletei todo o trabalho, com exceção de um slide - o *moodboard* ou painel de referências visuais (que estava ótimo). Apresentei apenas esse slide ao cliente, mas com convicção, explicando como aquele era o direcionamento correto para ele. O cliente, por sua vez, adorou.

PERMITA QUE OS JUNIORES APRESENTEM O PRÓPRIO TRABALHO
Nas grandes agências, é comum que alguém abaixo do nível do diretor de criação nunca interaja com um cliente. Trata-se de uma forma ridícula de se trabalhar, por uma série de razões. Em primeiro lugar, o diretor de criação é raramente aquele que de fato realiza o trabalho e não tem as ferramentas necessárias para responder a quaisquer perguntas detalhadas sobre o projeto. Em segundo lugar, como uma equipe novata pode ter esperanças de melhorar as habilidades de apresentação se não tem a oportunidade de apresentar o próprio trabalho? Não fique com os louros só para você. Incentive que os juniores apresentem o próprio trabalho sempre que possível – mesmo na frente dos clientes. Quando trabalhei na Edenspiekermann em Berlim, garantíamos que a equipe júnior sempre tivesse contato com o cliente. Tínhamos uma regra simples: quem fizer o trabalho apresenta. Ponto.

MONTANDO UM EXCELENTE SLIDE DE APRESENTAÇÃO

Não há uma única fórmula para produzir um slide de apresentação. No entanto, independentemente de como você escolhe apresentar o seu trabalho, os seguintes elementos devem ser incluídos.

O OBJETIVO DA APRESENTAÇÃO
É necessária uma descrição de uma linha esboçando o propósito da apresentação. Por exemplo: "Rever a segunda rodada dos designs de logotipo com base em *feedback* prévio". Não só é útil para o público na sala, como também fornece contexto quando a apresentação é compartilhada com outros *stakeholders* depois.

O QUE VOCÊ MOSTRARÁ AGORA
Evite decepções ao estabelecer claramente as expectativas sobre o que você mostrará. Geralmente é uma lista simples de itens como:

→ Recapitulação de objetivos
→ Esquetes atualizadas de design do logotipo
→ Aplicações impressas como amostra
→ Aplicações digitais como amostra

OBJETIVOS
Sempre apresente uma recapitulação dos objetivos ou metas do projeto e o que a solução de criação irá resolver. Mais tarde, quando for apresentar a solução de criação, você deve continuamente mencionar esses objetivos e explicar como o trabalho atende a essas necessidades.

A "GRANDE IDEIA"

Qual é a ideia central por trás da solução de criação? Para a campanha de um anúncio, pode ser a "grande ideia" como a da Nike: "Se você tem um corpo, você é um atleta". Para um projeto digital ou de design, a ideia pode ser os três princípios norteadores de design ou de interação.

O TRABALHO ("CRIATIVO", "DESIGN", *"WIREFRAMES"* ETC.)

O grande momento chegou – é hora de apresentar o trabalho. Cada conceito deve ser claramente rotulado e ter uma revisão curta. Quando possível, mostre exemplos tangíveis de trabalho em contexto para ilustrar como a ideia vai ganhar vida. Para um projeto de *branding*, pode ser um *mockup* de logotipo no contexto; para um produto digital, um protótipo básico (até mesmo uma simples taxa de cliques) é fundamental.

NOSSA RECOMENDAÇÃO

Cada apresentação criativa precisa ter uma recomendação clara de qual conceito o cliente deve escolher. Afinal de contas, ele está pagando pela sua experiência. Se você está apresentando como uma equipe, você deve estar alinhado de antemão sobre qual direcionamento único deve ser recomendado. Se os especialistas na sala não podem concordar sobre um direcionamento, como esperar que um cliente faça o mesmo?

RECAPITULAÇÃO

É útil para o cliente ver uma recapitulação de todos os conceitos lado a lado, que funcionaria como um auxílio visual para discutir o trabalho sem ter que voltar 137 slides.

PERGUNTAS

Após a recapitulação, certifique-se de ter um slide com "Perguntas?" para incentivar o público a dar um *feedback* e, por incrível que pareça, para fazer perguntas.

PRÓXIMOS PASSOS

Cada apresentação deve terminar com uma lista de itens dos passos seguintes, esboçando a parte responsável e a data. Todo mundo na sala deve ter o consenso verbal sobre os passos seguintes antes do encerramento da apresentação.

GESTÃO DE CONTAS

ADMINISTRAÇÃO

ESTRATÉGIA

CRIATIVOS

LONGAS HORAS

Quando morei em Berlim, eu tinha um apartamento em uma região bem chique chamada Prenzlauer Berg. Como é muito comum em Berlim, havia um espaço comercial no térreo do meu prédio; nesse caso, uma agência de design gráfico. Todo final de semana que eu passava na frente envidraçada do local, dava para ver uma equipe de criação com olhos sem expressão em frente a iMacs chamativos. Independentemente do dia, os funcionários trabalhavam até de madrugada. Eles eram, assim como muitos outros, um sintoma da crença no setor de criação de que é necessário trabalhar por longas horas para se fazer um ótimo trabalho.

Felizmente para os alemães, e para a maior parte do norte da Europa, trabalhar até tarde é raro, e aqueles desafortunados criativos eram praticamente a exceção. Na verdade, a Alemanha e os países escandinavos como a Suécia e a Dinamarca orgulham-se de ter um dos expedientes mais curtos do mundo,[8] enquanto produzem trabalhos de criatividade da mais alta qualidade. A atitude em relação a trabalhar além do expediente nesses países é: "Não fez o trabalho em oito horas? É preciso se concentrar no trabalho". As longas horas simplesmente não são celebradas.

8 http://www.bbc.com/news/business-34677949

Infelizmente, a cultura nos setores de criação ao redor do mundo é um pouco diferente. As longas horas não só são esperadas como em geral celebradas e até exibidas como um distintivo de orgulho. Trabalhar quatro finais de semana seguidos para cumprir um prazo ou perder os aniversários dos filhos por causa de um *pitch* passa a ser um feito lendário do qual você se gaba com os colegas. O que é pior sobre essas práticas é que quem trabalha longas horas são os criativos juniores e os plenos que querem mostrar o valor deles e serem notados, ou simplesmente produzir um trabalho de qualidade. A realidade mostra que trabalhar durante longas horas não acarreta um trabalho melhor, não faz de você um criativo, ou até mesmo um ser humano melhor. Apenas significa que você é péssimo em administrar o próprio tempo.

TRABALHO SUSTENTÁVEL É UM TRABALHO MELHOR

Quando se trabalha em um ambiente que promove uma cultura de longas e incessantes horas, nem você, nem o cliente, nem o trabalho se beneficiam, por uma série de razões:

→ A primeira delas é que o trabalho sofre as consequências. Ninguém desempenha o melhor trabalho quando está exausto após passar 12 horas na frente de uma tela brilhante. Na verdade, um estudo do Bureau of Labor[9] mostra que, em média, os humanos são produtivos por menos de três horas por dia apenas.

→ Isso leva a uma alta rotatividade dos funcionários. Você perderá os melhores funcionários (e merecidamente) se tratá-los como se estivessem presos em uma gaiola.

→ Trabalhar sem parar significa que os funcionários de criação nunca têm espaço para "brincar". Todas as pessoas criativas precisam de espaço para refletir e trabalhar em projetos paralelos para se manterem motivadas, renovadas e inspiradas. Uma rotina com longas horas de trabalho ocupa o espaço na cabeça que seria destinado ao surgimento de grandes ideias.

→ Você nunca será capaz de manter um projeto digital a longo prazo que precise de uma equipe consistente por meses ou até anos. Quando trabalhei em Berlim, passamos quase quatro anos desenvolvendo uma (de muitas) das principais plataformas digitais para a Red Bull. Simplesmente não havia como executar um projeto como aquele se a expectativa fosse de que a equipe trabalhasse 110% por esse período de tempo. O pessoal das agências de propaganda deveria anotar isso.

→ O excesso de horas trabalhadas pelos criativos é raramente repassado para o cliente, então o valor do trabalho de design é enormemente reduzido.

---

9 https://www.inc.com/melanie-curtin/in-an-8-hour-day-the-average-worker-is-productive-for-this-many-hours.html

SERÁ QUE ESTOU TRABALHANDO EM EXCESSO?

1. Marque <u>um</u> X em qualquer dia em que você trabalhou mais do que oito horas

2. Marque <u>dois</u> X em qualquer final de semana em que você trabalhou

MÊS						
S	T	Q	Q	S	S	D

RESULTADOS:

0-5 Trabalhei o normal
5-10 Trabalhei em excesso
10+ Dá o fora daí agora

COMO CRIAR UM AMBIENTE DE TRABALHO SUSTENTÁVEL

Sei o que você quer dizer: "não trabalhar longas horas" é ótimo em teoria. Aplicar isso para o mundo real, com clientes, prazos, concorrência e, acima de tudo, uma motivação para a excelência criativa é um assunto totalmente diferente. No entanto, acredite em mim, isso é possível de ser realizado. Em todo o norte da Europa, há milhares de criativos que deixarão o estúdio, a agência ou o trabalho antes das 18h. Com algumas otimizações processuais básicas no fluxo de trabalho, qualquer um pode criar um ambiente de trabalho sustentável sem sacrificar a qualidade do trabalho e ainda manter os clientes felizes. Isso começa com algumas coisas fundamentais.

ENVOLVA TODAS AS PRINCIPAIS COMPETÊNCIAS QUANDO FIZER O ESCOPO DE UM PROJETO

Trabalhar muitas horas é consequência de excesso de trabalho combinado à escassez de tempo. Na maioria das vezes, isso ocorre devido a um planejamento de escopo precário do projeto. Sempre aproveite o tempo para fazer o escopo adequado desde o início e, o mais importante, envolva todas as competências-chave na sua equipe – não só o diretor de contas e o diretor de criação. Incluir a representação de todas as facetas de um projeto, dos desenvolvedores a revisores, significa que o cronograma e a carga de trabalho serão baseados na realidade, em vez de serem frutos da ideia do diretor de contas sobre o que o cliente quer escutar (ver o capítulo "Planejando o escopo" para obter mais detalhes sobre isso).

SEJA TRANSPARENTE COM O CLIENTE QUANDO AS COISAS DÃO ERRADO

Não importa se é com o cliente ou com o patrão, seja transparente o tempo todo. Se algo der errado a ponto de afetar o seu cronograma, não empurre o problema para debaixo do tapete esperando pelo melhor. "Esperar pelo melhor" em geral resulta em semanas de longas horas de trabalho no final de um projeto. Em vez de tentar espremer uma quantidade insensata de trabalho (que com certeza irá afetar a qualidade), discuta isso com o cliente imediatamente. Na maioria dos casos, pode-se chegar a uma solução negociada que atinja o mesmo objetivo. Isso é comum na criação de produtos digitais em que determinada característica – por exemplo, um player de vídeo – demora mais tempo do que o esperado para ser desenvolvida por causa de complexidades técnicas. Em vez de tentar espremer tudo, pergunte ao cliente se é possível resolver alguma complexidade para entregar o produto no prazo. No caso do player de vídeo, talvez eles não precisem

QUALQUER UM PODE CRIAR UM AMBIENTE DE TRABALHO SUSTENTÁVEL SEM SACRIFICAR A QUALIDADE DO TRABALHO.

PROJETOS CRIATIVOS SEMPRE ENCONTRARÃO TEMPO DISPONÍVEL

Cenário A:

HORAS TRABALHADAS

TEMPO DISPONÍVEL

Cenário B:

HORAS TRABALHADAS

TEMPO DISPONÍVEL

da versão "salvar na playlist" para o primeiro lançamento. Ter essas discussões no momento oportuno mantém todo mundo "falando a mesma língua" e evita surpresas desagradáveis, expedientes longos e trabalho feito na correria.

NÃO TENHA MEDO DE DIZER NÃO

Os criativos (incluindo eu) querem levar o trabalho (e a si mesmos) ao limite e, portanto, raramente dizem não a qualquer solicitação. Isso pode ser equilibrado ao contar com um bom líder experiente ou com um profissional da área de gestão de contas que pode recuar quanto a solicitações de algum cliente insensato. Infelizmente, fora dos países do norte da Europa, os diretores de contas acabam ficando do lado do cliente, e a palavra "não" parece faltar no vocabulário deles. Esses tipos de indivíduos focados em vendas não têm lugar na gestão de projetos de criação e deveriam ser substituídos.

INDIVÍDUOS FOCADOS EM VENDAS NÃO TÊM LUGAR NA GESTÃO DE PROJETOS DE CRIAÇÃO.

SEMPRE GERENCIE O TEMPO, EM ESPECIAL PARA OS FUNCIONÁRIOS JUNIORES

Os criativos, em especial os juniores, vão preencher qualquer hora vaga com trabalho. Eles também estão sempre dispostos a mostrar o valor deles e dos respectivos trabalhos. Por essas razões, é importante gerenciar o tempo para eles, fornecer metas muito claras e prazos para apresentarem. Se você for um líder de criação, sempre se certifique de que o pessoal júnior saia do escritório antes de você.

PROCESSO. PROCESSO. PROCESSO.

Para os criativos, "processo" pode parecer um palavrão, mas, na verdade, iniciar o processo em um local de trabalho de criação é fundamental para um ambiente sustentável. De otimizações simples, como aumentar a eficiência da reunião por meio de uma etiqueta básica, até introduzir um processo padronizado para lidar com solicitações de difícil manejo de clientes, a compreensão dos processos no ambiente de trabalho reduz a perda de tempo e, portanto, aumenta a probabilidade de todos irem para casa na hora.

TRABALHO SUSTENTÁVEL USANDO A METODOLOGIA ÁGIL

Uma das formas com que conquistamos um ambiente de trabalho sustentável na Edenspiekermann foi introduzindo a metodologia ágil ou *agile* de trabalho para quase todos os projetos. "Ágil" é uma abordagem iterativa para produzir produtos digitais com o gerenciamento do tempo e de forma incremental, ao invés de tentar entregar tudo de uma vez perto do fim do prazo.[10] Essa metodologia foi criada na década de 1980 para o desenvolvimento de software, mas seu uso já se espalhou para muito além das empresas de software e tecnologia. Muitas agências e equipes de design que olham para o futuro usam essa metodologia para criar processos de trabalho sustentáveis para seus respectivos projetos. Na Edenspiekermann, usamos os sistemas ágeis para garantir práticas sustentáveis de trabalho para tudo, desde a criação de produtos digitais até o design de marcas e campanhas.

A configuração da abordagem ágil divide os projetos em pequenas ferramentas chamadas de histórias de usuários, prioriza-as e então as entrega continuamente em ciclos chamados de *"sprints"*. No final de cada *sprint*, parte do trabalho é revista pelo "dono do produto" e então lançada ou revisada.

A equipe ágil sempre trabalha como um time, nunca é organizada hierarquicamente e não tem liderança. A metodologia ágil funciona por meio de trabalho sustentável a longo prazo e é perfeita para qualquer projeto de criação ou de tecnologia que dure por quatro semanas ou mais. Projetos menores em geral não funcionarão em uma configuração ágil, uma vez que a camada de processos ou de rituais se sobrepõe aos benefícios e às eficiências durante um longo período de tempo.

---

10 http://www.agilenutshell.com

O PROCESSO ÁGIL

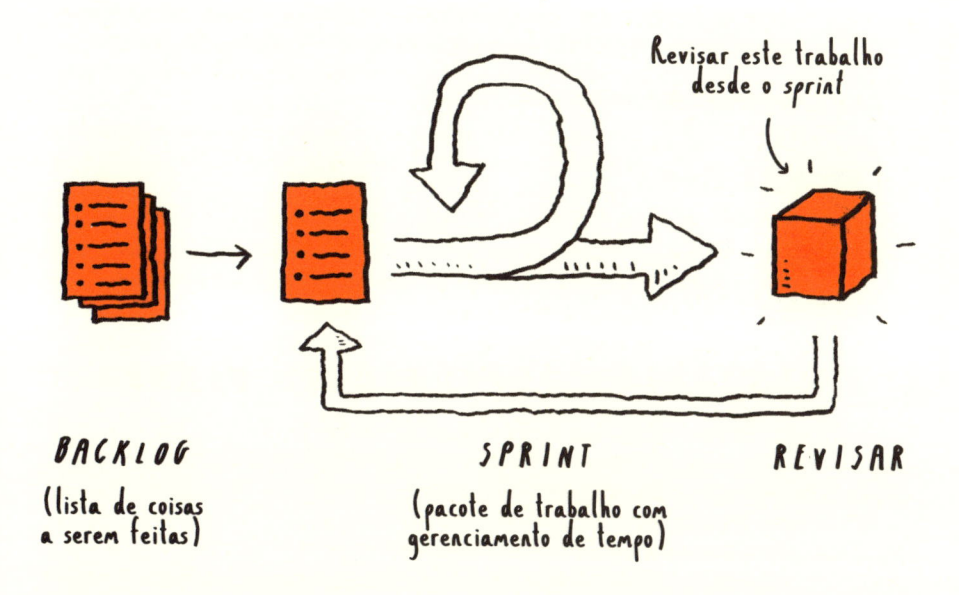

Revisar este trabalho desde o *sprint*

BACKLOG
(lista de coisas a serem feitas)

SPRINT
(pacote de trabalho com gerenciamento de tempo)

REVISAR

OS PAPÉIS EM UM PROJETO ÁGIL

O dono do produto
É o responsável por tomar decisões e o guardião da visão do produto. Em uma relação entre cliente e agência, em geral há dois donos do produto: um do lado do cliente e outro do lado da agência.

A equipe
São as pessoas que realizam o trabalho. O mais importante é que se trata de um grupo interdisciplinar que trabalha lado a lado como um time único – designers, desenvolvedores e redatores, dependendo das necessidades do projeto. Essas pessoas são autônomas – não há hierarquia – e têm o poder de tomar as próprias decisões. Em geral (nos melhores casos), são uma mistura dos indivíduos da agência e do lado do cliente trabalhando em uma única equipe.

O *scrum master*
O *scrum master* não é parte da equipe e não influencia decisões. Em vez disso, ele facilita o processo e ajuda a remover blocos que impedem o trabalho da equipe. Em uma relação agência-cliente, em geral ele é responsável pelo lado da administração da relação do cliente.

Quando um processo ágil é usado em um ambiente de agência, o cliente é integrado à equipe desde o início no papel de dono do produto. Ele está envolvido no planejamento dos *sprints* com gerenciamento do tempo. No início de cada *sprint*, junto à equipe de design/tecnologia, o cliente pode planejar uma lista de ferramentas (conhecida como "histórias do usuário") que será completada em cada sprint, e a equipe estima a quantidade de esforço necessário para completar essas tarefas. Um *scrum master* (o facilitador do processo) informa à equipe e ao dono do produto quantos dias úteis estão no *sprint* (considerando o orçamento e a disponibilidade dos membros da equipe). Com base nesse número, a equipe se compromete com um conjunto de ferramentas. Por exemplo, se a equipe tem 20 dias úteis de trabalho no *sprint*, e a estimativa para completar as tarefas selecionadas é de 30 dias, então o dono do produto deve remover algumas tarefas antes que a equipe comece a trabalhar. Trata-se de matemática simples.

TRANSPARÊNCIA E CONFIANÇA SÃO FUNDAMENTAIS PARA QUE UM PROCESSO ÁGIL FUNCIONE.

Transparência e confiança são fundamentais para que um processo ágil funcione. O comprometimento entre a equipe e o dono do produto em cada planejamento de *sprint* se torna quase sagrado: o dono do produto concorda em não empurrar trabalho extra no *sprint,* e a equipe concorda em entregar o trabalho que foi acordado. Há quase sempre um grau de esforço para convencer um cliente a adotar um processo ágil em seu projeto, mas, quando é aceito, eles (e a própria equipe) irão agradecer você por isso.

COMO VOCÊ PODE COMPENSAR A SUA EQUIPE POR TRABALHAR ATÉ TARDE?

A

GELADEIRA REPLETA
DE CERVEJA

B

PORCARIAS DESCOLADAS
DE ESCRITÓRIOS

C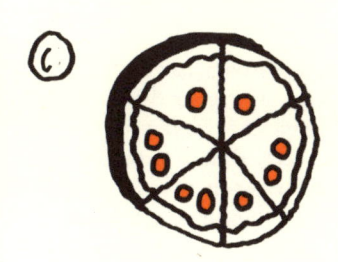

PIZZA DE GRAÇA

D

UM BOLO MARAVILHOSO

E

DIAS DE FOLGA

F

AGRADECIMENTOS
SINCEROS

RESPOSTA: E

O QUE ACONTECE QUANDO PRECISO QUE A MINHA EQUIPE TRABALHE ATÉ TARDE?

É claro, às vezes há uma proposta de design importante para finalizar, ou é a semana antes do lançamento de um grande projeto, e trabalhar além do expediente é inevitável. Sejamos claros – não há nada de errado em trabalhar ocasionalmente além da hora. No entanto, se você é um líder de criação, ainda é fundamental respeitar o tempo da vida pessoal dos funcionários. Se você precisa que a sua equipe trabalhe até tarde, certifique-se de fazer o seguinte.

AVISE ANTES E PEÇA À SUA EQUIPE PRIMEIRO

Se tiver um prazo, uma proposta ou algo que exija que se trabalhe além do horário, pergunte primeiro para a sua equipe e, o mais importante, avise antes. Trabalhar além do expediente nunca deveria ser obrigatório – deveria ser opcional. É impressionante o resultado de uma abordagem do tipo: "Ei, pessoal, me desculpem perguntar, mas vocês se importariam de trabalhar umas duas horas a mais hoje à noite?".

CUBRA OS GASTOS COM ALIMENTAÇÃO E VIAGEM

Em nosso escritório, temos uma regra que diz que, se a pessoa trabalhar até depois das 19h, a empresa paga o jantar. Se o funcionário trabalhar até depois das 20h, a empresa paga o táxi na volta para casa. Isso é o mínimo que se pode oferecer para a equipe que trabalha até tarde. No entanto, cobrir essas despesas não deve ser tratado como compensação por trabalhar horas extras, mas sim deve ser considerado como um nível de conforto mínimo por invadir o tempo da vida pessoal do funcionário.

FAÇA VALER O DIREITO DE TER DIAS DE FOLGA

Embora comprar pizza, cervejas e pagar o táxi até em casa para a equipe de criação seja ótimo, é melhor oferecer, em vez disso, tempo livre. Não em algum momento vago no futuro "quando todos estiverem menos ocupados", mas em uma data concreta. Por exemplo, dar folga no dia seguinte ou prolongar o fim de semana.

COLOQUE A MÃO NA MASSA TAMBÉM

Você é um diretor de arte? Ou um soberano criativo? Veja as empresas de tecnologia e as hierarquias horizontais delas. Os melhores diretores criativos com quem trabalhei foram respeitados por serem acessíveis. Precisa que a sua equipe trabalhe até mais tarde para fazer participar de um *pitching* ou cumprir um prazo? Fique até tarde e faça o trabalho também.

LEMBRE-SE: É SÓ UM SIMPLES EMPREGO

Por mais agradável e recompensadora que seja a carreira nos setores de criação, é apenas um emprego e simplesmente não vale a pena sacrificar a família, os amigos ou a saúde por isso. Toda vez que trabalhar até tarde e isso implicar a ausência em um jantar de família ou aniversário de um filho, pergunte a si mesmo: "Isso vale a pena?". Se você tiver que se perguntar isso mais de uma vez por mês, é possível que não valha.

Nunca vou esquecer um artigo escrito pelo falecido Linds Redding, um homem da propaganda que trabalhou para a Saatchi & Saatchi e a BBDO. Em um ensaio pungente de três mil palavras,[11] o diretor de criação – que estava com câncer terminal no esôfago na época – refletiu sobre a carreira no setor de propaganda, as longas horas de trabalho resultantes, as comemorações e os aniversários perdidos. Essa reflexão culminou no seguinte sentimento: "Valeu a pena? Bem, é claro que não. A conclusão a que se chega é que era apenas propaganda. Não era uma missão superior, não era um prêmio máximo". Mantenha essas palavras em mente sempre que você pensar sobre perder o aniversário de um filho para cumprir um prazo.

PERGUNTE A SI MESMO: "ISSO VALE A PENA?". SE VOCÊ TIVER QUE SE PERGUNTAR ISSO MAIS DE UMA VEZ POR MÊS, É POSSÍVEL QUE NÃO VALHA.

11 http://www.thesfegotist.com/editorial/2012/march/14/short-lesson-perspective

CLIENTES

Tente se lembrar do pôster que mencionei logo no início deste livro: "Não trabalhe para babacas". "Não trabalhe com babacas". Embora possamos todos acreditar neste sentimento em princípio (caso contrário, você provavelmente não estaria lendo este livro), a realidade dos setores de criação é que eles são operações comerciais centradas na busca pelo lucro. O que acontece quando o babaca é quem paga a você uma grande quantia, mantendo o funcionamento da agência e garantindo o seu emprego e o do setor de criação?

Implementar uma política "contra a babaquice" certamente é mais complicado do que fazê-lo para si próprio ou para a sua equipe. Com exceção do caso dos criativos mais famosos e procurados, uma atitude de "é pegar ou largar" não é de fato um jeito viável de lidar com clientes difíceis. Embora certamente exista o raro cliente babaca, acredito que seja possível estabelecer uma parceria produtiva com a vasta maioria dos clientes - até mesmo os mais difíceis - quando eles são corretamente compreendidos e quando se sabe lidar com eles.

A VERDADE SOBRE CLIENTES

O atrito entre a equipe de criação e os clientes é quase lendário. Até além dos setores criativos a cultura popular é repleta de contos bem-humorados de batalhas aparentemente sem fim entre os criativos confusos e os clientes sem noção de nada. De fato, há tantas histórias assim que o escritor David Thorne[12] pautou a carreira inteira nesse jogo de gato e rato, escrevendo um livro atrás do outro repletos de anedotas semificcionais hilárias sobre as interações entre os criativos egoístas e os clientes insensatos, que sempre parecem querer mais e mais por uma quantia cada vez menor.

Tirando o que alguns criativos possam dizer, a maioria dos clientes não é babaca. Na verdade, a maioria é legal, sensata e quer apenas fazer um bom trabalho, impressionar o chefe e ser reconhecida pelo que fez. Os clientes não estão ali para destruir um "ótimo trabalho". Eles não estão ali para acabar com o seu fim de semana ou estragar os seus sonhos. Só querem obter bons resultados, dentro do prazo e do orçamento, e não serem demitidos. Muitos problemas nas relações entre cliente e setor de criação ocorrem por causa dos criativos egoístas, que se esquecem de que o cliente também tem um trabalho para fazer e um chefe para agradar. Quando um cliente contrata um criativo ou uma agência de criação, ele coloca a corda no pescoço ao depositar a confiança em um terceiro para lhe prestar um serviço. Independentemente do grau de inovação do trabalho ou de quantos prêmios ele recebe, não vale a pena arriscar o emprego se o trabalho não é entregue dentro do prazo e do orçamento.

Lembre-se da regra número um: design não é arte. Você não é Picasso. Você nem é George W. Bush pintando no porão. Você está participando de uma prática comercial que tem *stakeholders*, orçamentos, patrões e prazos. Grave isso na cabeça para cada engajamento com o cliente e provavelmente você verá que não será muito diferente disso.

GESTÃO TRADICIONAL DO CLIENTE

Aqueles que trabalharam em agências mais tradicionais estão, sem dúvida alguma, familiarizados com a abordagem "em camadas" na gestão da relação com o cliente. Com isso, refiro-me a uma estrutura de organização que é mais complexa do que uma agência do governo. Quando trabalhei pela primeira vez em uma agência grande, fiquei impressionado com o simples número de funções necessárias para gerenciar um cliente. Um típico projeto de tamanho médio em uma grande agência poderia ter essas diversas camadas, sendo que apenas poucos níveis no topo interagiriam com o cliente:

---

12 http://www.27bslash6.com

ORDEM DE PRIORIDADES

CLIENTE	CRIATIVO
1. ATER-SE AO ORÇAMENTO	1. GANHAR PRÊMIOS
2. CUMPRIR O PRAZO	2. SER FAMOSO
3. IMPRESSIONAR O CHEFE	3. IMPRESSIONAR OS COLEGAS
4. DEFENDER A MARCA	4. IMPRESSIONAR O CHEFE
5. IMPRESSIONAR OS COLEGAS	5. DEFENDER A MARCA
6. GANHAR PRÊMIOS	6. CUMPRIR O PRAZO
7. SER FAMOSO	7. ATER-SE AO ORÇAMENTO
8. O CRIATIVO É FELIZ	8. O CLIENTE É FELIZ

→ Diretor de gestão de contas*
→ Gerente de projeto
→ Planejador sênior*
→ Planejador
→ Diretor de criação do grupo*
→ Diretor de criação
→ Diretor de criação associado
→ Diretor de arte
→ Revisor
→ Desenvolvedor sênior
→ Desenvolvedor
→ Designer
→ Designer júnior
→ Designer de produção

* = "valioso" para a interação com o cliente

Eu acredito que essa abordagem não funcione, em especial para projetos digitais. Em uma era em que design e tecnologia precisam trabalhar colados um no outro, as coisas andam mais rápido e os projetos são mais longos do que nunca. A colaboração em tópicos técnicos complexos simplesmente não pode ser mediada via camadas de intermediários. O cara da tecnologia na agência precisa ser capaz de pegar o telefone e falar com o cara da tecnologia que trabalha na empresa do cliente sem ser necessário haver cinco pessoas intermediando. Compare o "bolo da agência" em camadas à maneira com que as equipes nas empresas de tecnologia operam. As equipes são autônomas, eficientes, com uma hierarquia horizontal e empregam generalistas inteligentes que são capazes de gerenciar a si mesmos, o próprio trabalho e o dos outros. As agências podem aprender muito com isso quando se trata de gerenciar as relações com os clientes.

O SEGREDO PARA RELAÇÕES DURADOURAS COM OS CLIENTES

Não acredito na bajulação de clientes. Sinceramente, não sou bom nisso. Já trabalhei com muitos diretores de criação e de contas que são os mestres da conversa fiada em almoços chiques. A maior parte desse comportamento está relacionada com porcaria de vendas, e não tenho tempo para isso. A minha abordagem pessoal para trabalhar de forma bem-sucedida com os clientes a longo prazo é simples: eu sou a pessoa em quem eles sabem que podem confiar para entregar um trabalho excelente, e eu não vou decepcioná-los. Eles precisam de honestidade, transparência e um ótimo trabalho, não só de alguém para ser amigo.

SEJA HONESTO, MESMO QUE ISSO NÃO ESTEJA NA MODA

Honestidade e transparência são as partes mais importantes de se estabelecer uma relação com o cliente. Se ele não confiar em você, não há sentido em fazer nada junto. É muito comum que as agências de criação forcem um pouco a barra e prometam além do que podem cumprir para ganhar a disputa para desenvolver um projeto. Omitir a verdade para obter ganho também é comum em agências. Elas podem não revelar que estão terceirizando o desenvolvimento do projeto para uma outra empresa na Colômbia. Provavelmente, não dirão a um cliente inexperiente que seria possível realizar melhor esse projeto contratando um freelancer em vez de uma agência. Elas podem saber que determinado projeto é ruim para o negócio do cliente, mas, mesmo assim, assumir o trabalho para ganhar dinheiro rápido. É melhor ser honesto e perder um projeto agora para estabelecer uma relação de confiança e obter algo maior no futuro.

FAÇA O CLIENTE SE SENTIR PARTE DA EQUIPE

Criar divisões entre o cliente e o pessoal da agência simplesmente não funciona. Quanto mais divisões, mais "nós e eles" permeia a mentalidade dos envolvidos. Além disso, apesar do que o pessoal de uma agência tradicional levaria você a acreditar, uma abordagem ao trabalho de criação é muito mais eficaz do que manter a agência na própria bolha. Mude a abordagem e passe de um pensamento do tipo "o cliente e a agência" para "uma equipe de projeto" e colha os frutos. Afinal de contas, embora a agência possa ser a especialista na área de design, propaganda ou tecnologia, o cliente conhece o próprio negócio melhor do que ninguém. Alavanque esse conhecimento envolvendo o cliente em todos os estágios do processo, incluindo sessões de cocriação e *brainstorming*.

O melhor exemplo que posso mostrar ocorreu há alguns anos, quando um escritório holandês de nossa agência estava desenvolvendo um novo serviço para melhorar a velocidade e a segurança nas plataformas de trem na Holanda. A ideia era criar um display digital de ponta que percorreria a plataforma e indicaria os vagões vazios antes de o trem chegar à plataforma (as pessoas formariam filas na parte mais adequada da plataforma antes que o trem chegasse). A grande questão era como poderíamos descobrir quais trens estavam cheios. Será que precisaríamos instalar alguma tecnologia de ponta? Durante a sessão de cocriação com os clientes, o *stakeholder* e a agência, o grupo estava quebrando a cabeça para ver como poderíamos descobrir se o vagão estava cheio e se essa ideia estava fadada ao fracasso. Em seguida, um membro da equipe da estação ferroviária anunciou que já havia sensores infravermelhos no trem que poderiam ser usados. Esse *insight* inesperado de um membro da equipe do cliente moldou sozinho o direcionamento inteiro do projeto.

COMPARTILHE COM FREQUÊNCIA O TRABALHO EM PROGRESSO

Tradicionalmente, as agências trabalhavam com um cliente de forma muito semelhante àquela de um prestador de serviço. A agência ou a equipe de criação receberia o *briefing* do projeto e desapareceria até o prazo final. Acabavam aparecendo com uma parte do trabalho que o cliente não veria até o dia da apresentação. Em vez de uma abordagem da "grande revelação" como essa, vá estabelecendo uma relação de confiança com o cliente ao envolvê-lo no processo com revisões e atualizações frequentes.

NÃO ENFEITE AS NOTÍCIAS RUINS

Uma vez que o projeto está pronto e em andamento, com certeza haverá um momento (cada projeto tem pelo menos um) em que o cliente receberá uma notícia ruim. Não deixe a situação piorar e resista à vontade de escondê-la. Imediatamente e de forma calma, mostre o problema com a sua solução sugerida. A transparência vence sempre.

LIDE DA FORMA CORRETA COM A SUA EQUIPE INTERNA

Dado o aumento – e também a qualidade – das equipes de design internas, integrar-se com essas equipes é fundamental. Não seja grosseiro. Em muitos casos, essas equipes superam as agências em termos de talento e habilidade. A minha experiência na Edenspiekermann me mostrou que algumas das nossas parcerias mais frutíferas (e alguns dos melhores trabalhos) ocorreram quando não havia divisão ou havia uma mínima divisão entre nós e a equipe de design do lado do cliente. Trabalhamos no mesmo espaço, fazemos o *brainstorming* juntos e dividimos a carga de trabalho entre nós.

CLIENTES DIFÍCEIS

Apesar das melhores intenções, simplesmente é difícil trabalhar com alguns clientes. Pode ser por causa da falta de experiência, do fato de terem um chefe difícil, da insegurança no desempenho da função ou de uma série de outras coisas. No entanto, na maioria dos casos, um excelente trabalho e uma boa parceria são possíveis mesmo com os clientes mais complicados.

De acordo com a minha experiência, há uma série de arquétipos de clientes difíceis.

O NOVATO

Seja a primeira vez que o cliente está pagando uma agência ou seja ele inexperiente nesse tipo de trabalho, não importa o quanto seja bem-intencionado, pode apresentar desafios específicos para uma agência. Um cliente júnior em geral precisa de uma ajuda mais especializada do que o cliente sênior. Por causa da falta de experiência na empresa, muitas vezes o cliente pode ser a pessoa do

"Sim", que é bem-intencionada, mas não tem confiança o suficiente para recuar quando recebe feedback dos escalões superiores. Produzir um trabalho de fato excelente com clientes novos é difícil, uma vez que raramente correm riscos. Eles precisam de uma mão firme, mas paciente. Como agência, o nosso papel em relação a esse tipo de cliente não é só completar o projeto, mas também guiá-lo, servir de mentor e oferecer experiência a ele.

O EXTREMAMENTE EXIGENTE

Esse tipo de cliente em geral é um pouco neurótico e precisa ser constantemente atualizado sobre o andamento do projeto e tranquilizado. Em muitos casos, isso pode ocorrer devido à insegurança pessoal e à necessidade de microgerenciar. O meu conselho para esse tipo de cliente é criar total transparência em qualquer estágio do projeto e fazê-lo se sentir seguro. Um quadro de organização de fluxo de trabalho no estilo Kanban como do Trello ou do Jira pode ajudar, uma vez que o cliente consegue ver o processo das tarefas individuais ao longo da semana. No entanto, é fundamental proteger a sua equipe de trabalho de forma adequada dos *feedbacks* desse tipo de cliente. Caso contrário, nenhum trabalho ficará pronto.

O ASPIRANTE A CRIATIVO

O aspirante a criativo é um tipo de cliente irritante, mas inofensivo. Pode ser alguém que já trabalhou em agência ou até um designer que é funcionário da empresa do cliente, que conseguiu chegar ao quadro dos *stakeholders* como uma voz interna do design. Esses indivíduos em geral têm inveja da "agência descolada" que surge e, se não forem gerenciados corretamente, podem sabotar as suas ideias. O meu conselho para esse tipo é envolvê-lo o máximo possível e fazer com que se sinta valorizado. Convide-o para trabalhar em conjunto no seu escritório. Envolva-o em *brainstorming*. O verdadeiro truque do aspirante a criativo é fazer com que ele pense que foi ele quem surgiu com uma ideia. Isso o torna um aliado poderoso que pode agir como uma força interna na venda de ideias.

CLIENTES BABACAS

Os verdadeiros babacas são raros, mas em geral há uma razão subjacente para o fato de os clientes serem difíceis. Talvez eles tenham sido "queimados" por uma agência antes ou o próprio ambiente de trabalho seja uma droga. A melhor solução é tentar descobrir quais são as questões ou políticas que estão em jogo e aí facilitar a vida o máximo possível. Isso pode envolver ter que fazer uma apresentação extra para o chefe ou fornecer a ele *insights* úteis para ajudá-lo a realizar o trabalho. Tente fazer com que eles se sintam bem e você não vai errar muito.

Se o cliente for um verdadeiro babaca, no sentido de abusar dos funcionários da agência ou de menosprezá-los no âmbito pessoal, há apenas uma solução: mande-o se ferrar.

DEZ DICAS PARA QUE OS CLIENTES OBTENHAM O MÁXIMO DA EQUIPE DE CRIAÇÃO

1. Forneça bons briefings.

2. Comunique de forma clara restrições de orçamento/prazo de antemão.

3. Não microgerencie.

4. Sempre recompense a equipe por surgir com novas ideias (mesmo que você não as use).

5. Dê feedback claro e construtivo.

6. Ouça – lembre-se de que você contratou um profissional para fazer algo que você não consegue.

7. Seja organizado. Não há como uma equipe de criação produzir muito se você é desorganizado.

8. Esteja disponível.

9. Seja interessado e esteja envolvido.

10. Compartilhe os insights de negócios dos parceiros – não a opinião deles sobre a cor do logotipo.

CONTRATANDO E SENDO CONTRATADO

Não surpreende que o ótimo trabalho seja feito por ótimas pessoas. O que ocorre é que, se você contrata pessoas que não estão no topo da lista, não receberá um trabalho top de linha. É o óbvio. Atrair ótimas pessoas é difícil. Mantê-las é ainda mais difícil. No entanto, é muito comum que as agências cometam erros cruciais na corrida para contratar ótimos funcionários.

Suponha que a empresa de criação tenha uma excelente reputação. Você faz um ótimo trabalho. Você paga bem e mantém um bom equilíbrio entre vida e trabalho.

A sua cultura, por incrível que pareça, não tem espaço para egomaníacos. No entanto, infelizmente, até o negócio mais bem-intencionado possível pode falhar quando o assunto é a etiqueta básica. As empresas de criação – em especial as menores – são notavelmente ruins quando é necessário lidar com os principais aspectos de contratação. Esquecer passos simples, como não responder a correspondências que não são imediatamente de valor, muitas vezes é uma mancha nas reputações de empresas de criação consideradas ótimas. Por exemplo, um departamento de RH vai passar por uma série de obstáculos até encontrar alguém com exatamente as mesmas habilidades que você tem, mas o que acontece se você é um júnior sem experiência, um estagiário ou alguém que não se encaixa no perfil da empresa? As chances de obter uma resposta são poucas. Lembre-se de que dá para medir o tratamento que damos às pessoas pela forma como as tratamos quando não precisamos de algo delas.

Está além do escopo deste livro, caro leitor, fornecer um guia exaustivo para encontrar um grande talento na área de criação ou um excelente trabalho para você – para isso, há o maravilhoso mundo da internet. No entanto, quando o assunto é atrair, contratar e manter um grande talento, é preciso lembrar que há uma série de pontos-chave.

ETIQUETA BÁSICA DE CANDIDATURA A UMA VAGA

Uma agência pode fazer um ótimo trabalho, pagar bem e proporcionar um bom equilíbrio entre trabalho e vida pessoal e uma cultura contrária aos egos, mas tudo isso não significa porcaria nenhuma se a empresa não consegue dar conta de forma adequada das correspondências que chegam de criativos entusiastas ou de candidaturas de estagiários. Até mesmo as agências com as melhores intenções não conseguem responder às candidaturas e isso em geral é atribuído a: "Estávamos enrolados. Afinal de contas, somos parte da engrenagem de uma empresa. Em primeiro lugar, os clientes!". Meu caro, o mundo criativo é pequeno e isso vai atingi-lo mais cedo ou mais tarde.

Todos já passamos por isso. Você faz uma entrevista. Parece que tudo correu bem e que o possível empregador lhe diz que eles irão entrar em contato em dois dias. Você vai para casa se sentindo bem. Passa uma semana. Silêncio. Você envia um e-mail educado para acompanhar o processo. Nada. Passa outra semana. Silêncio total. Um telefonema. Nadinha. Qual é a dificuldade de dar um retorno? Agora, uma observação aos jovens recém-formados em design que estão se candidatando a um trabalho: não esperem que as pessoas respondam imediatamente. Nem esperem que elas respondam em breve. Não as incomodem. Não sejam pentelhos. Mas aguardem uma resposta em algum momento. Quem dedicou um tempo para escrever para um diretor de criação, um diretor de design, um departamento de RH etc merece uma resposta. Sim, pode levar um tempo – o pessoal de agência está sempre ocupado –, mas eles lhe devem uma resposta.

ATÉ O NEGÓCIO MAIS BEM-INTENCIONADO POSSÍVEL PODE FALHAR QUANDO O ASSUNTO É A ETIQUETA BÁSICA.

Assim como qualquer outro criativo, tenho uma história pessoal sobre esse tema. Após me formar na universidade em 2010, fui em busca do meu primeiro estágio. Procurei uma oportunidade em todas as empresas de design na Irlanda e acabei chegando a uma lista de 20 agências que eram compatíveis com as minhas qualificações. Criei uma planilha de Excel detalhando cada histórico da agência, endereço, quadro de funcionários, clientes, projetos, prêmios, signos do zodíaco, cor favorita da roupa íntima – e a lista continuava. Era uma pesquisa obsessivamente detalhada que deixaria orgulhoso até o funcionário mais aplicado do setor de gestão de contas. Após finalizar a minha lista, preparei uma carta individual e um portfólio diferente para cada uma das agências. Após quase qua-

COMO NÃO ESTRAGAR A SUA PRÓXIMA CONVERSA

Penteie o cabelo, você não é um artista

Prepare três perguntas inteligentes

Pesquise sobre quem você vai encontrar

Sem manchas nojentas de comida

Leve cinco cópias do seu currículo

Traga um notebook

Leve cinco exemplos dos seus melhores trabalhos

Não aja como se soubesse mais nomes de fontes do que o diretor de criação

Use sapatos que não fazem você parecer um hipster ou um sem-teto.

tro semanas de trabalho em tempo integral, acabei enviando cartas e portfólios para as escolhidas.

Após algumas semanas sem obter resposta, complementei com um lembrete educado. Nada aconteceu. Depois de dois meses de silêncio, decidi que, se era para ser rejeitado, que fosse pelos melhores no mercado, não por uma agência sem importância da Irlanda. Decidi sair da Irlanda e nunca mais voltar. Naquele dia, prometi a mim mesmo que, quando eu tivesse a minha própria agência, eu tentaria responder a cada correspondência, não importando o tempo que levasse. Tenho orgulho de dizer que mantive essa promessa até hoje (mas confesso que as respostas às vezes demoram muito).

Dois dias após escrever para a Edenspiekermann em Berlim, uma das agências mais prestigiadas na Europa, eles responderam para me oferecer uma entrevista. Fiquei "me coçando" quando, alguns anos depois, uma das agências que tinham me ignorado me enviou um e-mail bastante elogioso tentando me cortejar para trabalhar na empresa. Àquela altura, eu estava galgando os passos para me tornar diretor de design na Edenspiekermann em Berlim. A outra empresa estava em busca de um novo chefe do setor digital para salvar os negócios em design gráfico que estavam afundando. É claro que os funcionários da empresa não tinham ideia de que já haviam ignorado alguns e-mails meus na época em que eu estava oferecendo preparar o chá deles em troca de algumas horas não pagas de experiência de trabalho. A troca parecia ser essa (só que ao contrário). Eu posso ter mudado essa narrativa para dar um efeito dramático.

> **DECIDI QUE, SE ERA PARA SER REJEITADO, QUE FOSSE PELOS MELHORES NO MERCADO.**

Lembre-se de que não importa o quanto você seja bem-sucedido, ocupado ou famoso, você sempre deve responder às candidaturas e aos pedidos de entrevista. Não há desculpa para ser um babaca – e o carma pode ser um problema.

NEGOCIANDO SALÁRIOS

Os criativos em geral são péssimos na negociação. Eles são movidos por projetos interessantes e pela oportunidade de trabalhar com pessoas ótimas em um ambiente legal. Os melhores nunca são movidos apenas por dinheiro. Isso ainda é mais verdadeiro no caso de jovens talentos que estão em busca de ingressar no setor e montar o próprio portfólio. Portanto, é fácil que uma agência sem escrúpulos tire vantagem dos criativos novatos, em especial na etapa de negociação de salários. Também é muito comum que a agência que está contratando abaixe a oferta do salário na promessa de "grandes oportunidades de portfólio", "marcas empolgantes" ou, o mais arrogante de tudo, "uma chance de trabalhar com as melhores pessoas do mercado". Papo furado. Caso lhe seja oferecido um emprego, independentemente do seu nível de experiência, você é um profissional e merece ser pago como tal.

Oi, Paul,

Espero que tudo esteja bem na Edenspiekermann.
Atualmente, estamos buscando um novo chefe do
setor digital e adoraríamos conversar com você sobre
a função. Achamos que você se encaixaria muito bem
aqui na Cretinos S.A.

Obviamente, não se preocupe com o fato de termos
ignorado todos os seus e-mails antes de você trabalhar
em uma agência famosa em Berlim. Acreditamos que
você seja um ótimo profissional agora e mereça este
e-mail bajulador e descarado. Sem rancores, você
sabe como é – ocupado com clientes etc, etc. Tudo
bem agora, velho amigo.

Se você se interessar pela vaga, é só falar.

Cordialmente,

Patrick Cocereiro

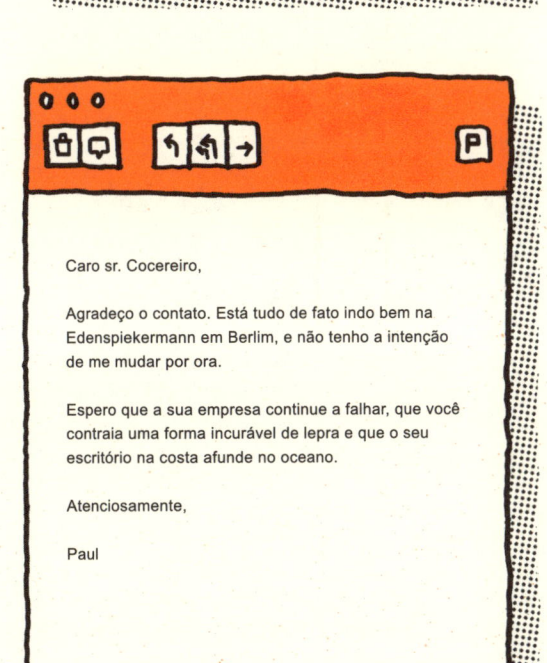

Caro sr. Cocereiro,

Agradeço o contato. Está tudo de fato indo bem na
Edenspiekermann em Berlim, e não tenho a intenção
de me mudar por ora.

Espero que a sua empresa continue a falhar, que você
contraia uma forma incurável de lepra e que o seu
escritório na costa afunde no oceano.

Atenciosamente,

Paul

BANDEIRAS VERMELHAS NA ENTREVISTA

- ☐ Evidência de longas horas de trabalho.

- ☐ Pessoas almoçando nas respectivas mesas de trabalho.

- ☐ Confortos excessivos no escritório que indicam que os funcionários são estimulados a trabalhar por mais tempo.

- ☐ Falta de diversidade no painel de entrevista.

- ☐ Lideranças criativas e equipes de criação sentam-se separadamente.

- ☐ Qualquer tipo de bobagem sem sentido como "Aqui o negócio é só trabalho".

- ☐ Um diretor de criação que tem o próprio rosto como estampa de uma camiseta ou xícara.

Mais de dois itens marcados? Mantenha distância.

OFERTA BOA/OFERTA RUIM?

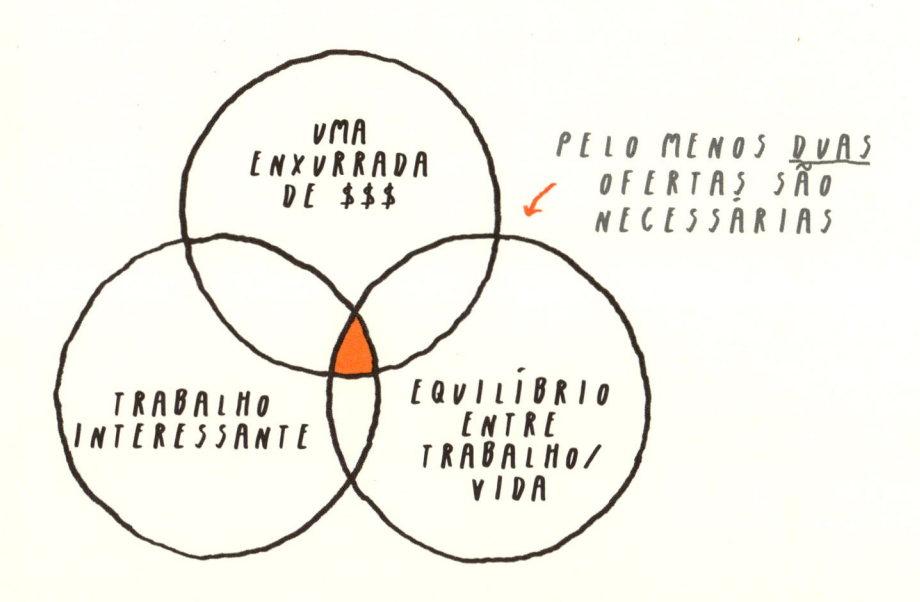

Não se tira só vantagem dos funcionários juniores quando o assunto são as negociações de salário. Os trabalhadores estrangeiros que têm os vistos de trabalho bancados pelo empregador são especialmente vulneráveis a práticas inescrupulosas. Em primeiro lugar, eles podem oferecer uma atitude de "é pegar ou largar" ao se aproveitar do visto de trabalho como a única possibilidade de "estar dentro". Em segundo lugar, o empregador pode alegar não saber das diferenças da moeda local. Um salário inicial de US$50.000 por ano parece uma pequena fortuna para um diretor de criação que vem de outras partes do mundo, mas, na verdade, ele deveria estar ganhando muito mais do que US$100.000. As duas situações são práticas nojentas, e eu incentivo você, caro leitor, a revelar e humilhar as agências que participam desse esquema.

Quando cheguei aos Estados Unidos, tive muita sorte de trabalhar com a HUGE, uma agência com um ótimo departamento de RH que sempre paga e trata os estrangeiros de forma muito justa. Infelizmente, nem todas as agências de criação são assim. Mão de obra barata não ocorre só no setor da construção civil. Já ouvi que alguns estrangeiros que trabalham nas agências de criação nos Estados Unidos recebem muito menos do que os funcionários americanos.

A questão é a seguinte: se você estiver em um papel de contratação, não pise na bola com quem está em uma posição de vulnerabilidade. Ofereça um salário justo desde o início. Nas palavras infames de Mike Monteiro, o lendário cofundador e diretor de design da Mule Design: "Foda-se, me pague".[13] Grave estas palavras: é muito fácil ganhar reputação por tirar vantagem dos funcionários vulneráveis. Isso irá se espalhar rapidamente pelo setor. Quando isso se entranha, é muito difícil de sair.

PAGUE OS ESTAGIÁRIOS

Nem precisava dizer que é necessário pagar os estagiários. Eles não são uma mão de obra gratuita. Eles não estão lá só para fazer o seu chá. É claro que é totalmente aceitável que os estagiários fiquem com a pior parte do trabalho de produção, como montagem, corrida até as lojas de materiais de arte etc, mas isso não significa que eles não devem ser pagos. Apesar da inexperiência, os estagiários são repletos de curiosidade, têm um olhar incrivelmente ingênuo e novo e trazem energia para qualquer agência, o que nenhum profissional experiente seria capaz de fazer. Todas as melhores agências têm algum tipo de programa de estágio ou de *trainee*, uma vez que os alunos novos transformam um ambiente da agência para melhor. Em geral, os estagiários têm mais habilidades quanto às últimas tendências e truques do que a equipe sênior. Se não consegue pagá-los, não os contrate.

APESAR DA INEXPERIÊNCIA, OS ESTAGIÁRIOS SÃO REPLETOS DE CURIOSIDADE, TÊM UM OLHAR INCRIVELMENTE INGÊNUO E NOVO E TRAZEM ENERGIA.

13 https://www.youtube.com/watch?v=jVkLVRt6c1U

ETIQUETA INTERNA

DEVEM

NÃO DEVEM

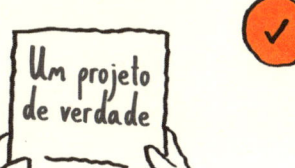

RECEBER TAREFAS COM AS QUAIS PODEM APRENDER

IMAGENS DE GATOS EM UM BANCO DE FOTOS

FICAR PRESOS A TAREFAS SEM SENTIDO

TER UM MENTOR

SER FORÇADOS A TRABALHAR ATÉ DEPOIS DO EXPEDIENTE

SER PAGOS

SER OBRIGADOS A FAZER O SEU CHÁ

SAINDO E DEMITINDO

O mundo do setor criativo é muito pequeno. Não importa como você encerra uma relação de trabalho com alguém, vocês vão acabar se esbarrando de novo. O mercado tem uma forma de fazer você se lembrar de pessoas que você preferiria esquecer ao longo da sua carreira, com exceção do momento em que elas têm superpoderes. É como encontrar o Bowser em um jogo do Super Mario Bros. – toda vez que você acha que ele morreu, ele retorna de surpresa e agora consegue jogar bolas de fogo. A pessoa que você demite hoje pode muito bem ser o seu chefe ou cliente no futuro.

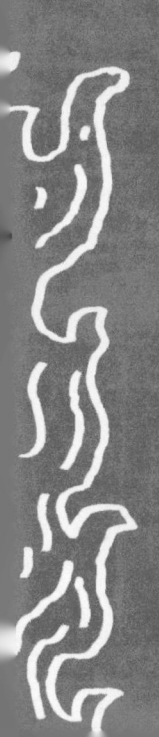

Aqui está um exemplo pessoal de como o acaso funciona nesse mercado. Em 2016, fui contratado como diretor comercial da Edenspiekermann, onde trabalhei anteriormente em Berlim, mas de onde saí para assumir um novo emprego em Nova York. Se eu tivesse sido um escroto quando saí da Edenspiekermann, certamente não seria chamado para ser o diretor comercial da empresa. O ex-chefe do meu primeiro estágio em uma agência de criação em Dublin escreveu uma carta de referência que me proporcionou obter o meu primeiro emprego nos Estados Unidos. Se eu tivesse sido um escroto quando pedi demissão do estágio, eu não teria recebido essa carta de recomendação útil e não teria obtido o visto.

O mundo não é pequeno só nas agências. Com cada vez mais criativos fazendo parte do quadro de funcionários de empresas, o fluxo de pessoas entre agências e as empresas está mais forte do que nunca. Por exemplo, um ex-funcionário com o qual trabalhei em Nova York é agora o diretor de design em uma grande empresa de tecnologia. Um ex-estagiário da Edenspiekermann em Berlim se tornou um grande cliente do escritório de Los Angeles. Ele contratou a agência por causa da ótima experiência que ele tivera quando era estagiário. E a lista continua. Pense em cada relação profissional como algo que nunca verdadeiramente acaba, mas que irá reaparecer de outra forma, até que um morra ou se aposente. Em outras palavras, o mundo dá voltas.

ENCERRAR UMA RELAÇÃO DE TRABALHO É DIFÍCIL

Não importa se você está pedindo demissão ou dispensando alguém, é sempre difícil. Pode haver um sentimento de traição na equipe. Misture isso a uma natureza volátil das pessoas criativas (os melhores são sempre os mais instáveis), e certa-

O MUNDO É PEQUENO...

O mundo do setor de criação é muito pequeno para encerrar mal um ciclo de trabalho. Veja, por exemplo, os meus cinco últimos empregos:

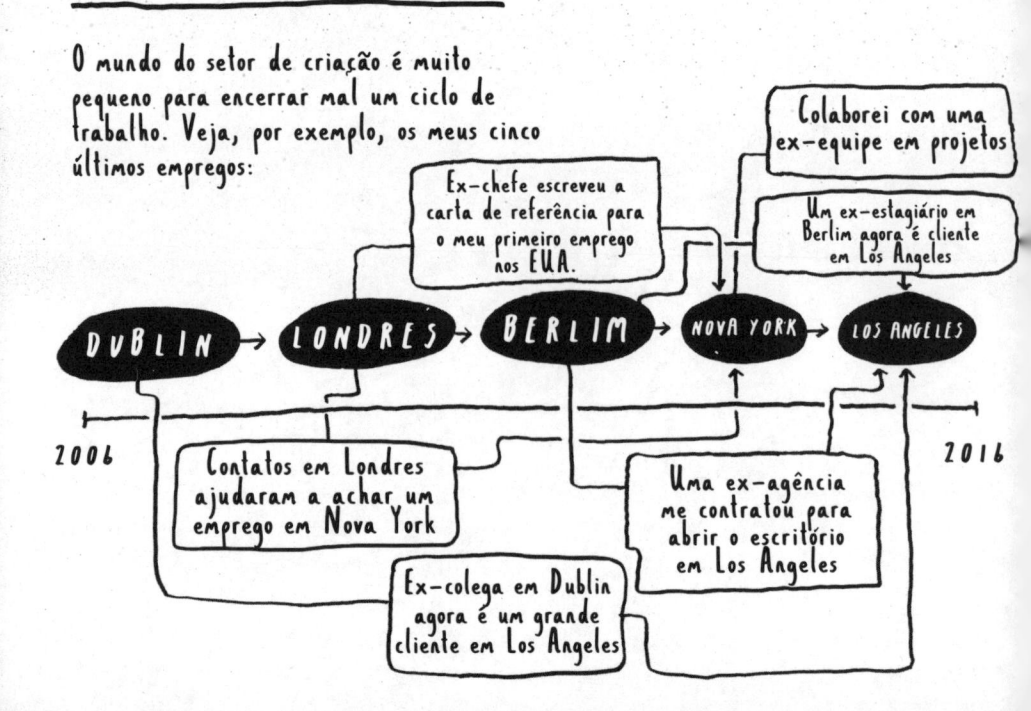

mente haverá alguma decepção – e até um drama. Há alguns anos, passei por isso quando eu estava saindo do emprego em uma agência para me mudar de cidade.

Quando eu trabalhava na Europa, um antigo colega meu – vamos chamá-lo de Tommy Alternâncio – era um dos indivíduos mais talentosos com quem trabalhei. Ao longo dos anos, fizemos parcerias em dezenas de projetos, desde fazer o *rebranding* de uma marca de papel higiênico até fazer o *branding* de aplicativos. Na verdade, alguns dos meus melhores trabalhos foram feitos em colaboração com ele. Quase todas as noites, às 18h em ponto, abríamos uma cerveja em nossas mesas e discutíamos qualquer problema no projeto ou pedido insano do cliente. Trabalhamos inúmeras noites juntos para atender a prazos ridículos. Então, quando chegou a hora de eu sair da agência, eu sabia que não seria fácil.

Era uma tarde de sexta-feira chuvosa, e estávamos em nosso bar favorito quando soltei a notícia: eu estava deixando a empresa para assumir um novo emprego. Tommy me olhou de um jeito estranho que eu nunca tinha visto antes e nunca vi desde então. Ele fechou os olhos e ficou em pé, imóvel. Embora estivéssemos no meio de um bar cheio, tudo parecia ter parado. Era como em uma cena de Matrix, quando tudo congela, com exceção do herói e do vilão suspenso no ar. De repente, Tommy virou-se para mim e soltou um "Meeeeeeeeeerda" apavorante e, por fim, "Meeeeeeeeeeeeeeeeeeeeeeeeerda" e logo saiu do bar. Eu de fato pensei que ele fosse voltar e me dar uma porrada até eu sangrar. Agora a gente ri disso tudo, mas deixar o seu parceiro criativo é como terminar um namoro. É muito difícil.

Qualquer um que tenha trabalhado com uma excelente equipe de criativos compreende os laços próximos que são criados. Os criativos são parceiros de guerra, que encaram a doideira da vida em uma agência. Eles se juntam contra prazos insanos, clientes neuróticos e diretores de criação egomaníacos. Eles acabam saboreando a vitória de vender juntos e de forma bem-sucedida a grande ideia. A sua equipe de criação é a sua família fora do ambiente de casa. Separar-se dela – não importa as razões – é difícil. Mas certamente há como melhorar a forma de lidar com essas situações.

COMO SAIR DO EMPREGO SEM SER UM BABACA

Você decidiu largar o emprego. Já se cansou dos traços egomaníacos do diretor de criação, que insiste que você trabalhe todo fim de semana. Talvez você queira abrir uma nova agência. Ou talvez você e a sua família estejam se mudando para o outro lado do país, não sendo possível continuar. Não importa a razão, sempre deixe o seu emprego de maneira profissional e amigável.

EU DEVO DEMITIR ALGUÉM?

Comece aqui →

QUAL É A RAZÃO?

NÃO PRODUZ UM ÓTIMO TRABALHO

ELES MELHORARAM COM O *FEEDBACK*?

SIM **NÃO**

ELES SE ENCAIXAM NA CULTURA DA AGÊNCIA?

SIM **NÃO**

PROBLEMAS COM GERENCIAMENTO DE TEMPO

ELES MELHORARAM COM O *FEEDBACK*?

SIM **NÃO**

RAZÕES FINANCEIRAS

(p. ex. enxugamento das despesas)

OFENSA IMPERDOÁVEL

(p. ex. assassinato do cacho de estimação do escritório)

MANTENHA-OS

Pessoas boas que se encaixam na cultura da empresa são difíceis de serem encontradas. Dê oportunidade para que elas melhorem ou encontre funções alternativas para elas.

DEIXE-AS IR EMBORA

Mas não seja um babaca em relação a isso. Ofereça verbas rescisórias e um aviso prévio justo (quatro semanas é o mais correto).

DEMITA-AS IMEDIATAMENTE

Suma. Peque as suas coisas e diga *Auf Wiedersehen*. O seu tempo aqui acabou, seu babaca.

OFEREÇA APOIO CONTÍNUO À SUA ANTIGA EQUIPE

Na Edenspiekermann em Berlim, ofereci (e levei adiante) apoio contínuo à minha equipe antiga para fornecer qualquer orientação e responder a perguntas por algumas semanas até ser feita a transição para o novo líder da equipe. Embora eu já tivesse começado no meu novo emprego, eu sabia que eu era responsável pela tranquila passagem de bastão.

AVISE COM ANTECEDÊNCIA, NÃO IMPORTA O PERÍODO DE AVISO PRÉVIO

Isso pode parecer óbvio, mas é surpreendente a frequência com que os criativos não fazem isso. Se você é de alguma forma bom no que faz, as pessoas dependem de você. Avisei com oito semanas de antecedência em um emprego. No entanto, empregadores, por favor, anotem: para que isso funcione, é preciso criar um ambiente em que as pessoas se sintam valorizadas.

ENVIE UM AGRADECIMENTO PESSOAL PARA TODOS

E, antes que pergunte, envie até um agradecimento para o diretor de criação egomaníaco. Seja superior e elogie e agradeça a ele ou ela pela mentoria.

SEMPRE FALE BEM DA SUA ANTIGA FUNÇÃO

Costumo incluir anedotas positivas dos meus empregos anteriores em artigos e nas redes sociais (apesar do fato de serem tecnicamente concorrentes agora que estou em outra empresa). Isso serve até para quando você odiava o trabalho.

Quando há uma transição positiva após a saída de um funcionário, o empregador também tem um papel a desempenhar. Às vezes, a equipe faz você crescer. As pessoas criativas precisam se mexer e obter experiências diferentes para prosperar. Acredito que o ciclo de vida médio de um criativo júnior a pleno em uma agência não deve ser mais do que três anos. Na verdade, recomendo fortemente que qualquer criativo júnior não fique na mesma agência por mais de três anos, não importa a dificuldade da agência de lidar com a perda. No início da carreira, os criativos precisam aprender muita coisa em um lugar só, mas depois eles precisam tentar algo diferente. Independentemente da dificuldade, como empregador e mentor, você nunca deve demonstrar decepção quando um criativo diz que está de saída. Em vez disso, agradeça-o pelo serviço e deseje tudo de melhor.

DEMITINDO

Deixar as pessoas partirem faz parte de conduzir qualquer negócio e não há nada de errado em demitir alguém se isso for feito corretamente. Nunca se sinta culpado ou hesite em demitir alguém se for pelas razões corretas. O local de trabalho do criativo é, acima de tudo, um negócio, e isso vem primeiro. No entanto, não há necessidade de ser um babaca em relação a isso.

Ser demitido, independentemente da razão, é humilhante para qualquer um. Acima de tudo, os criativos são mais sensíveis do que a maioria – eles ficam arrasados com facilidade. De modo geral, uma dose ponderada de *feedback* construtivo pode ser útil. Certifique-se de agradecer pelos serviços prestados. Enfatize as características boas e, se apropriado, sugira o que você acha que seria um bom próximo passo na carreira do funcionário demitido. A menos que tenham matado o cachorro de estimação do escritório, ofereça uma carta de referência, um aviso prévio com tempo razoável e, se adequado, uma verba rescisória. Antes de demitir, faça o seguinte.

DÊ ESPAÇO PARA MELHORIAS
Se a pessoa se encaixa muito bem na cultura da sua empresa, e você de fato acha que pode haver melhoria, ofereça essa oportunidade com metas claras e tangíveis em um período de 30 dias. Essas metas devem dar a elas oportunidades de trabalhar em cima das fraquezas que fizeram com que você pensasse em demiti-las. Por exemplo, se um criativo não está conseguindo entregar o trabalho a tempo, então demonstrar melhorias na capacidade de medir o tempo seria o foco de um período probatório de 30 dias.

HÁ OUTRO PAPEL QUE PODERIAM DESEMPENHAR?
Se a personalidade do indivíduo agregar algo ao escritório e se ele for alguém que trabalha duro, antes de demiti-lo, pergunte a si mesmo se não há uma outra função que ele possa ocupar. Já vi isso acontecer algumas vezes de forma bem-sucedida. Há alguns anos, contratamos um designer visual que, embora fosse péssimo no design visual, acabou sendo um grande estrategista. Conheço um redator que não era excelente em escrever anúncios, mas teve a oportunidade de trabalhar em uma equipe editorial, onde foi muito bem-sucedido.

COMO DEMITIR ALGUÉM SEM SER BABACA

Embora não seja divertido, demitir alguém deve ser um ato respeitoso, ainda que de modo firme e, o mais importante, de maneira oportuna. Há muito mais em jogo do que simplesmente oferecer verbas rescisórias. Quando demitir alguém da equipe, mantenha isso em mente.

NÃO ARRASTE A TOMADA DE ATITUDE
O seu instinto quase nunca falha. Já cometi o erro de arrastar a decisão de demitir um funcionário na esperança de que ele melhoraria com orientação e *feedback*. Isso não ocorreu. Ao mesmo tempo, eu sabia que o indivíduo não era a pessoa certa para a função e seria muito mais bem-sucedido em outro lugar. Não

cometa esse erro, pois não é justo com você e com a outra pessoa. Assim que perceber que o funcionário não se encaixa na posição, demita-o. O empregado deveria ter uma oportunidade para se redimir, mas depois deixe-o ir. No fim das contas, ele vai lhe agradecer quando conseguir um novo emprego em que as habilidades específicas dele permitam que seja bem-sucedido.

DÊ TEMPO PARA QUE ACHEM OUTRO TRABALHO
Não se atenha tanto às regras. Se a política da sua empresa é dar duas semanas até a pessoa sair, mas ela tem uma família que depende financeiramente dela, ofereça o tempo adequado para que ela ache algo novo, mesmo que você tenha que arcar com algumas semanas extras na folha de pagamento.

OFEREÇA AJUDA PARA QUE ENCONTREM UM NOVO EMPREGO
Talvez você precise diminuir o número de funcionários para manter a saúde financeira da agência e tenha que abrir mão de um funcionário leal. Ofereça ajuda para que a pessoa encontre um novo emprego e consulte a sua rede de contatos. Apresente o funcionário e verifique quem poderia contratá-lo.

OFEREÇA UMA ÓTIMA REFERÊNCIA
A menos que o funcionário tenha roubado a empresa ou quebrado o sigilo contratual de um cliente, ou de fato matado o cachorro de estimação do escritório, e supondo que ele tenha trabalhado com você por um tempo, sempre ofereça a ele uma carta de referência.

AS CONSEQUÊNCIAS

Lembre-se de que o fato de pessoas deixarem o emprego ou serem demitidas é algo traumático para a equipe. Qualquer um que tenha trabalhado em uma agência de médio a grande porte com certeza já passou pelo que eu chamo de "Efeito Moisés": uma ou duas saídas leva a um êxodo em massa da equipe. Sendo assim, as saídas têm que ser gerenciadas de forma sensível e cuidadosa, independentemente da situação.

QUANDO NÃO SER UM BABACA FAZ DE VOCÊ UM BABACA

Uma equipe de criação requer uma liderança clara; nenhuma loja funciona com democracia. O ingrediente-chave para um negócio de criação bem-sucedido é muito simples: produza um trabalho excelente. Isso é muito mais importante do que ser popular. É mais importante do que manter um membro insatisfeito na equipe.

De tempos em tempos, para ser bem-sucedido na realização de um ótimo trabalho, você precisará ser um babaca. Se você não é capaz de ser um babaca quando necessário, o trabalho vai sofrer, você perderá clientes e dinheiro e vai acabar tendo que deixar a equipe ir embora. Aí você será o *verdadeiro* babaca.

Para atrair os melhores talentos, é necessário criar um ambiente em que as pessoas sintam que podem fazer o melhor trabalho de suas carreiras. Isso significa algum nível de concorrência saudável em que indivíduos incentivam uns aos outros e também aprendem uns com os outros. Os jovens criativos aprendem mais com os colegas do que com qualquer gerência sênior ou em sala de aula. Quando se trabalha com os melhores, não só eles produzem um ótimo trabalho como os efeitos de aprendizagem multiplicam a qualidade geral da agência.

Ser um babaca na hora certa será fundamental para o seu sucesso. Quando a nossa startup ficou pequena demais no escritório da Edenspiekermann em Santa Monica, o meu sócio e eu tivemos que escolher entre um espaço descolado no centro de Los Angeles e um local reservado em Westside. A mudança para o centro acarretaria um aumento significativo do tempo do trajeto entre casa e trabalho para a maioria da equipe, que morava no Westside de Los Angeles. No entanto, como a agência estava se expandindo rapidamente, sabíamos que, em prol do crescimento dos negócios e do posicionamento da marca (o centro estava se tornando o hub do negócio criativo), o centro da cidade seria a melhor opção, apesar de não agradar a equipe.

O SIMPLIFICADOR DE DECISÃO

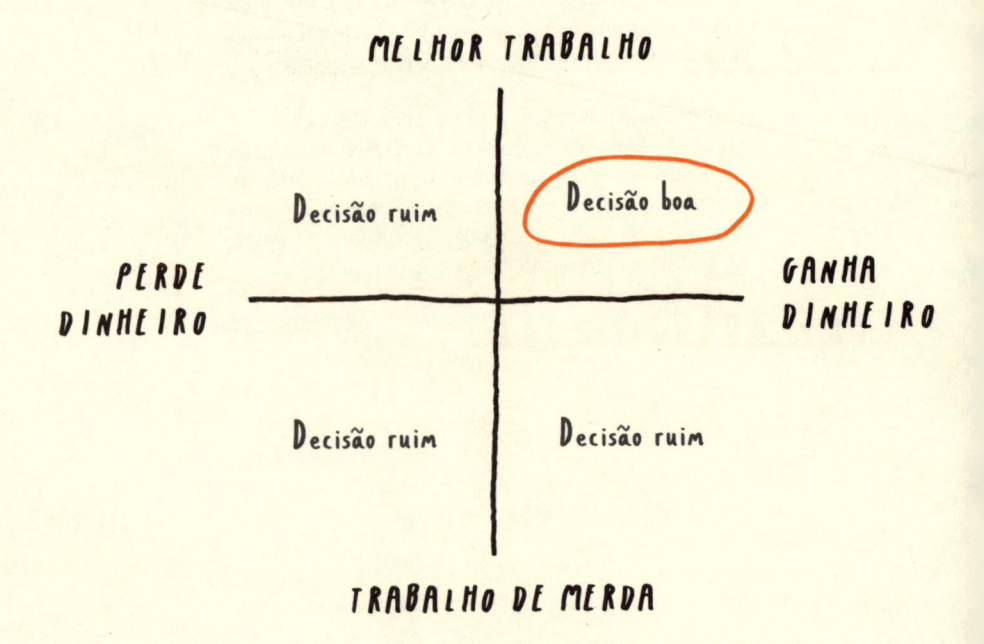

Na época, todos odiaram a decisão, e nós provavelmente também. Houve reclamação à beça e tivemos que fazer todo esforço possível para manter a equipe na empresa. Após uma única semana no novo espaço, cada membro concordou que foi a melhor decisão que já tomamos. Às vezes, é necessário ser um babaca e fazer o que é melhor para o trabalho.

SEJA UM CONTROLADOR DOIDO...

Enquanto eu trabalhava na Edenspiekermann, desenvolvemos um ambiente em que as equipes tinham toda a autonomia e o poder de decisão. No entanto, eu ainda conseguia saber de todos os detalhes de cada parte principal do trabalho que saía da agência. Há duas razões para isso. Em primeiro lugar, é necessário saber o que acontece nos seus projetos e garantir que o seu trabalho seja inovador e do mais alto padrão. Para ser um líder bem-sucedido para a sua equipe de criação, é necessário saber tudo o que acontece. Qual cliente precisa de atenção extra? Qual cliente pode ser atendido na maioria das vezes pela equipe júnior com supervisão e qual cliente precisa do pessoal sênior para cada interação? Em segundo lugar, é necessário que você seja visível para a equipe. De acordo com a minha experiência, o diretor de criação presente e que põe a mão na massa e interage com os funcionários diariamente é muito mais efetivo do que o recluso que se esconde no escritório e delega cada tarefa. Essas pessoas são facilmente esquecidas e nunca duram muito no emprego.

...MAS NÃO MICROGERENCIE

Você contratou funcionários ótimos por uma razão. Deixe que eles façam a porcaria do trabalho. Provavelmente, têm mais talento do que você. Desafie-os. Estimule-os. Mas não tente adivinhar o que eles farão.

EXIJA DOS CRIATIVOS ATÉ QUE ELES ODEIEM VOCÊ

Não há mágica no desenvolvimento de um grande trabalho criativo, apenas trabalho duro. Trata-se de uma fórmula muito simples: repetir, repetir e repetir mais um pouco. Não há atalhos. Como diretor de arte, diretor de design ou diretor de criação, é sua responsabilidade exigir, exigir, exigir e exigir mais um pouco. Todo criativo quer fazer um ótimo trabalho, e se você for o idiota que não estimula para que ele faça isso, você será o verdadeiro babaca, caso seus funcionários não tenham nada relevante no portfólio deles após trabalhar anos com você.

AS PESSOAS TRABALHAM MELHOR SOB PRESSÃO

Há uma grande diferença entre o trabalho sustentável (lado bom) e as atitudes indiferentes (lado ruim). Os criativos devem ser capazes de trabalhar em dias normais, mas devem trabalhar duro e rápido quando estão no escritório. Os criativos são mais focados e trabalham melhor quando estão sob pressão. Se não houver nenhum prazo à vista, nada será feito. Quando trabalhei em Nova York, estávamos sob pressão o tempo todo. Nunca deixo de me impressionar com o fato de que um prazo apertado e um pouco de adrenalina podem levar um criativo ou uma equipe a produzir um trabalho excelente.

DESIGN NÃO É DEMOCRACIA

Toda tarefa, independentemente de ser pequena ou grande, precisa de um responsável e de visão. A ideia de uma liderança democrática é conversa fiada. Um líder, uma única grande visão. As opiniões são bem-vindas, mas as decisões não são tomadas por um comitê.

SE AS PESSOAS NÃO SÃO BOAS O SUFICIENTE, DEIXE-AS SAIR

É uma verdade desagradável, mas alguns criativos que trabalham duro apenas não têm a habilidade de produzir um ótimo trabalho, não importa o quanto deem duro. Em geral, eles conseguem fazer parte de agências excelentes por meio de portfólios que incluem grandes projetos em equipe, mas onde desempenham um papel pequeno. Aprenda a identificar indivíduos desse tipo – será necessário mudá-los para um papel alternativo ou deixá-los ir embora. De acordo com a minha experiência, às vezes o pessoal de criação que não tem talento para realizar trabalho prático pode desempenhar um papel importante em uma agência. Muitos se tornam ótimos pesquisadores ou estrategistas de conteúdo, já que têm conhecimento profundo de design, mesmo que não consigam executar o trabalho de design em si.

A HONESTIDADE NUA E CRUA É AMARGA, MAS NECESSARIA

Tive a grande felicidade de trabalhar por quase cinco anos em Berlim e não surpreende que eu tenha lidado com muitos alemães. O que mais admiro nos alemães (e nos norte-europeus de modo geral) é a atitude deles de não dar espaço para papo furado. Se alguma coisa está ruim, eles dirão na cara. Eles são honestos (às vezes, muito honestos) e não enfeitam nada como os americanos ou os britânicos. Embora inicialmente essa honestidade possa parecer grosseria (já vi muito americano de nossa equipe chorar após uma conversa importante com um CEO alemão), essa abertura significa que as pessoas sempre sabem o seu devido lugar. Não perca tempo com papo furado. Seja direto e honesto, mesmo que diga o que as pessoas não querem ouvir naquele momento. Todos podemos concordar que o mundo seria um lugar melhor se houvesse menos conversa fiada por aí.

DECISÕES BOAS	DECISÕES RUINS
POPULARES A LONGO PRAZO	POPULARES A CURTO PRAZO
GANHAR DINHEIRO	PERDER DINHEIRO
FAZER UM TRABALHO MELHOR	FAZER UM TRABALHO PIOR
TOMADAS DE FORMA OBJETIVA	TOMADAS COM BASE EM QUESTÕES PESSOAIS
SIGA O SEU INSTINTO	SIGA O QUE OS OUTROS DIZEM QUE VOCÊ "DEVE" FAZER
SÃO TOMADAS RAPIDAMENTE	ACONTECEM QUANDO VOCÊ ARRASTA AS DECISÕES

NÃO TENHA MEDO DE DESCARTAR O TRABALHO E COMEÇAR DE NOVO

Uma das coisas mais difíceis (e, na maioria das vezes, impopular) para pedir que uma equipe faça em um projeto em que está envolvida há algum tempo é solicitar que o trabalho seja reiniciado. Infelizmente, às vezes, isso é o que é necessário para produzir um ótimo trabalho. Não acrescenta em nada tentar consertar uma solução medíocre, mesmo que a equipe esteja concentrada no trabalho por semanas.

Há alguns anos, eu estava trabalhando com uma equipe em uma grande campanha que iria aparecer ao vivo na Times Square. Após quase duas semanas, a equipe havia produzido o que parecia ser aproximadamente 50 versões do trabalho criativo. Embora quase tudo estivesse muito bom, nada estava ótimo ou era digno de merecer um prêmio. Era o dia antes do prazo do cliente, todos estavam bem exaustos e prestes a começar a preparação do "melhor do ruim" para a apresentação no dia seguinte. O diretor de criação chegou às 18h, olhou para o trabalho e rasgou tudo. Poderíamos ter matado o diretor. Mas, às 23h, conseguimos a solução. Foi uma decisão ousada rasgar tudo, mas foi a correta. A questão é a seguinte: você acha que o trabalho não está bom o suficiente? Rasgue-o e comece de novo. Vai valer a pena.

VOCÊ ACHA QUE O TRABALHO NÃO ESTÁ BOM O SUFICIENTE? RASGUE-O E COMECE DE NOVO. VAI VALER A PENA.

O MANIFESTO DO NÃO BABACA

O MANIFESTO DO NÃO BABACA

1. Deixarei o meu ego em casa.
2. Serei direto(a), respeitoso(a) e honesto(a) com a minha equipe e com os meus clientes.
3. Darei crédito para quem merece crédito.
4. Deixarei as pessoas fazerem o trabalho delas e não irei microgerenciá-las.
5. Cancelarei reuniões que são uma perda de tempo.
6. Escreverei um *briefing* adequado para cada projeto.
7. Darei *feedback* claro e construtivo.
8. Deixarei que a minha equipe apresente o próprio trabalho.
9. Farei tudo que eu puder para garantir que ninguém tenha que trabalhar até tarde da noite ou nos fins de semana.
10. Responderei a candidaturas de trabalho.
11. Serei justo e respeitoso (a) quando eu tiver que demitir algum funcionário.
12. Lutarei para ter uma cultura diversa e inclusiva no meu local de trabalho.
13. Pagarei os meus estagiários.

CORTE AQUI E PENDURE NO SEU LOCAL DE TRABALHO

AGRADECIMENTOS

Este livro começou como uma ideia após uma forte discussão que tive com um amigo sobre a necessidade de trabalhar até tarde nos setores de criação. Depois que me mudei de Berlim para Nova York em 2015, refleti sobre temas e ideias por quase dois anos antes de finalmente sentar para escrever o livro em uma cabine remota no Big Bear Lake, em março de 2017. As ideias contidas nestas páginas certamente não são pioneiras ou mesmo originais – são simplesmente uma coleção de migalhas do senso comum.

Grande parte do pensamento neste livro foi inspirada pela época em que eu trabalhava com Erik Spiekermann em Berlim. Tive a sorte de trabalhar com Erik por alguns anos na Edenspiekermann, começando como estagiário e saindo como diretor de criação da empresa. A não tolerância ao papo furado e a importância que ele dava a não ter uma cultura babaca se entranharam em mim ao longo da carreira, e sempre serei muito grato a isso.

Por fim, e o mais importante, este livro não teria sido possível sem a minha esposa resignada, que tem sido a força que me motiva ao longo da minha carreira. Foi Nora quem me deu o empurrão para pegar uma série de pensamentos incoerentes e divagações e transformá-los em um formato (semi)coerente que você, caro leitor, acabou de ler.

COMPRE UM ·LIVRO·
doe um livro

Nosso propósito é transformar a vida das pessoas por meio de histórias. Em 2015, nós criamos o programa compre 1 doe 1. Cada vez que você compra um livro na loja virtual da Belas Letras, você está ajudando a mudar o Brasil, doando um outro livro por meio da sua compra. Queremos que até 2020 esses livros cheguem a todos os 5.570 municípios brasileiros.

Conheça o projeto e se junte a essa causa:
www.belasletras.com.br

Este livro foi composto em BasicSans e impresso em papel pólen bold 90 g pela gráfica Copiart em junho de 2020.